As Orações da Humanidade

Dados Internacionais de Catalogação na Publicação (CIP)
(Câmara Brasileira do Livro, SP, Brasil)

As orações da humanidade : das tradições religiosas do mundo inteiro / Faustino Teixeira, Volney J. Berkenbrock, (organizadores). – Petrópolis, RJ : Vozes, 2018.

Bibliografia
ISBN 978-85-326-5833-3

1. Orações 2. Vida espiritual I. Teixeira, Faustino. II. Berkenbrock, Volney J.

18-17339 CDD-291.43

Índices para catálogo sistemático:
1. Orações : Religião comparada 291.43

Cibele Maria Dias – Bibliotecária – CRB-8/9427

FAUSTINO TEIXEIRA

VOLNEY J. BERKENBROCK

(orgs.)

As Orações da Humanidade

DAS TRADIÇÕES RELIGIOSAS
DO MUNDO INTEIRO

EDITORA VOZES

Petrópolis

© 2018, Editora Vozes Ltda.
Rua Frei Luís, 100
25689-900 Petrópolis, RJ
www.vozes.com.br
Brasil

Todos os direitos reservados. Nenhuma parte desta obra poderá ser reproduzida ou transmitida por qualquer forma e/ou quaisquer meios (eletrônico ou mecânico, incluindo fotocópia e gravação) ou arquivada em qualquer sistema ou banco de dados sem permissão escrita da editora.

CONSELHO EDITORIAL

Diretor
Gilberto Gonçalves Garcia

Editores
Aline dos Santos Carneiro
Edrian Josué Pasini
Marilac Loraine Oleniki
Welder Lancieri Marchini

Conselheiros
Francisco Morás
Ludovico Garmus
Teobaldo Heidemann
Volney J. Berkenbrock

Secretário executivo
João Batista Kreuch

Editoração: Leonardo A.R.T. dos Santos
Diagramação: Sheilandre Desenv. Gráfico
Revisão gráfica: Nilton Braz da Rocha
Capa: Érico Lebedenco

ISBN 978-85-326-5833-3

Editado conforme o novo acordo ortográfico.

Este livro foi composto e impresso pela Editora Vozes Ltda.

SUMÁRIO

I. O respiro das religiões, 7

II. Orações, 15

III. Referências, 285

IV. Índices, 293

    IV.1. Índice numérico, 293

    IV.2. Índice alfabético, 306

    IV.3. Índice de autorias, 320

    IV.4. Índice de tradições religiosas, 326

I
O RESPIRO DAS RELIGIÕES

Faustino Teixeira e Volney J. Berkenbrock

É doce pronunciar o seu nome!
É como o gosto da vida,
é como o sabor do pão para a criança,
como o tecido para o desnudado,
como o gosto de um fruto...
na estação acalorada
como o sopro da brisa para o aprisionado[1].

A oração constitui um dos fenômenos centrais de toda experiência religiosa humana, a fonte de onde emana sua oxigenação essencial. A oração é o "respiro das religiões". Num clássico trabalho sobre a prece, publicado em 1909, o antropólogo francês Marcel Mauss sublinhou: "de todos os fenômenos religiosos, são poucos os que, mesmo considerados apenas externamente, dão de maneira tão imediata quanto a prece a impressão de vida, de riqueza e de complexidade. Ela possui uma história maravilhosa: vinda de baixo, elevou-se até o ápice da vida religiosa"[2]. Toda oração é ato e movimento. Mesmo quando desprovida de palavras ou gestos, é sempre dinâmica, na

---

1. Oração de um cego a Amon, divindade solar do Antigo Egito, inscrita na parede de uma tumba da Necrópole de Tebas (in: VV.AA. *La preghiera respiro delle religioni*. Milão: Ancora, 2000, p. 14).
2. MAUSS, M. *A prece*. São Paulo: Ática, 1979, p. 102.

medida em que envolve uma atitude da alma. Mais do que um simples "rito oral", a oração é um "rito total", abarcando a totalidade do ser humano. É com a integralidade de seu ser que o fiel se coloca diante do mistério da alteridade, de um mistério que é gratuidade e transcendência. A dinâmica da oração situa-se no extremo oposto da lógica egocêntrica e do apego, exigindo como condição de sua possibilidade a consciência da finitude e da contingência. Mediante a oração, o fiel atesta e experimenta uma realidade derradeira que ultrapassa e transborda sua realidade finita e os limites da história.

A oração é um fenômeno universal. Enquanto atitude fundamental do homem religioso, a oração "é mais universal do que a fé explícita no Deus personalizado. Há uma linguagem universal da oração que transcende a diversidade das religiões do mundo"[3]. Não existe tradição cultural desprovida da presença deste sussurro multiforme que eleva ao mistério incógnito o impulso de ultrapassagem que anima os seres humanos. Trata-se de um fenômeno comum a diversas tradições religiosas, que expressa o movimento em direção ao Outro enquanto mistério inefável, que não apenas transcende, mas igualmente desarticula toda palavra. Um mistério que é inefável, mas invocável, confiável e encontrável[4]. Não é necessário, porém, que esse Outro seja reconhecido ou identificado com o Deus personalizado. A oração existe no movimento da própria intencionalidade do sujeito que reconhece a carência e a intransparência da finitude e a consciência de uma "falta": a percepção de que "o sentido do mundo se encontra fora do mundo" (Wittgenstein). E esta carência reveste-se de uma sede e de uma busca infinita, expressando-se no ritmo multiforme e plural de orações vocais

_____

3. GEFFRE, C. *Passion de l'homme, passion de Dieu*. Paris: Cerf, 1991, p. 124.

4. RICCA, P. "L'ineffabile dai molti nomi". In: VV.AA. *La preghiera respiro delle religioni*. Op. cit., p. 116-118.

de angústia, alegria, sofrimento, esperança, muitas vezes silenciosas, outras vezes sussurradas ou ardorosamente bradadas e cantadas.

Na visão do singular filósofo do Judaísmo, Abraham Heschel, a oração traduz o "apego ao máximo". É ela que mantém o mistério sempre à vista, mantendo a árvore sempre firme ao solo de sua fonte. Através da oração, o ser humano mantém acesa a aproximação do transcendente, possibilitando ao mesmo uma participação no sublime e uma iniciação no mistério[5]. A oração não é, pois, expressão do mistério, mas expressão do desejo do mistério, do humano que o pressente e o busca: de múltiplas formas, em muitas culturas.

Neste livro de orações a atenção voltar-se-á para as preces que compõem o repertório de singulares tradições religiosas. Mais do que falar das orações, buscou-se deixar que as próprias orações falassem e, com elas, a busca e invocação de Deus, do mistério ou do fundo de si, do buscado e ansiado. Cada uma das tradições é portadora de uma alteridade irredutível e que veicula dimensões e facetas únicas e inusitadas do mistério do Deus sempre maior.

Através das inúmeras orações apresentadas ao longo do livro, o leitor poderá perceber os traços visíveis de uma hospitalidade larga, que convoca a uma ecumenicidade ampla e verdadeira, animada por intensa profundidade espiritual. Trata-se, acima de tudo, de um convite à abertura inter-religiosa pelo caminho da espiritualidade, que toca o nível mais profundo do diálogo, já que possibilita o "enriquecimento recíproco e cooperação fecunda, na promoção e preservação dos valores e dos ideais espirituais mais altos do homem"[6]. As orações aqui apresentadas são pontes

---

5. HESCHEL, A.J. *O homem à procura de Deus*. São Paulo: Paulinas, 1974, p. 31.
6. SECRETARIADO PARA OS NÃO CRISTÃOS. *A Igreja e as outras religiões*. São Paulo: Paulinas, 2001, n. 35 [Documento Diálogo e Missão].

que facilitam a abertura ao mistério domiciliado no humano, que é simultaneamente transcendente e imanente. A diversidade da experiência não impossibilita a familiaridade de uma busca que é comum e que vem expressa numa oração que não se detém diante das diferenças.

A ecumenicidade constitui um dos grandes desafios para este século XXI, e sua realização exige de cada pessoa a audácia da ultrapassagem de fronteiras: "alargar as cordas". A oração emerge hoje como um dos caminhos mais importantes da afirmação da ecumenicidade: a oração comum pela paz e pela reconciliação. Afirma-se hoje a convicção de que não pode haver paz no mundo sem paz entre as religiões, mas a paz entre as religiões exige sensibilidade e respeito às diferenças existentes e uma atitude de abertura à singularidade do mistério do outro. Essa acolhida e abertura dificilmente podem ocorrer fora do exercício da oração, que alimenta e toca a profundidade espiritual muitas vezes eclipsada pela lógica do mundo moderno. A ecumenicidade que emana destas orações não quer ser uma constatação, mas um desafio e um desejo pela casa comum que habitamos como seres humanos.

Neste tempo marcado pela violência e pela intolerância torna-se essencial o despertar da dimensão espiritual e o seu exercício através da experiência da oração. Toda oração vem acompanhada de uma eficácia *sui generis*, capaz de transformar a fisionomia do mundo. Ao gesto da procura segue-se uma palavra de acolhida. A oração não se resume ao grito de um sentimento, mas traduz o esforço acumulado de inúmeras gerações, de corações ardentes que se dirigem ao mistério e que nele encontram acolhida e proteção.

Esta obra se entende como continuidade e ampliação de outra por nós organizada: *Sede de Deus – Orações do judaísmo, cristianismo e islã* (Vozes, 2002). Nessa obra foram recolhidas orações de todos os tempos das tradições abraâmicas, orações dirigidas ao Deus único. Na seleção deste livro estão presentes muitas orações já constantes na outra, mas fizemos diversas ampliações: recolhemos, por um lado, outras orações das mesmas religiões abraâmicas e, por outro, ampliamos o olhar para um maior número de tradições religiosas, seja dos grandes sistemas religiosos do Oriente, como Hinduísmo, Budismo e Taoismo, bem como de sistemas religiosos presentes em nosso contexto brasileiro, como o Espiritismo, a Umbanda e o Santo Daime. Aproveitamos para renovar nossos agradecimentos a todos os que colaboraram com aquela obra, bem como os que de diversas formas contribuíram para que esta se tornasse possível.

A ampliação de representatividade de tradições religiosas empresta a esta obra um caráter mais universal: tanto em termos de conteúdo como em formas de expressão e crença religiosas. É destarte também um convite aos leitores para um esforço de ampliação da mente e da sensibilidade. Dispor-se à experiência da oração: este é o convite. Ao mesmo tempo, se a obra ganhou caráter mais universal, temos clareza e consciência de que ela não abarca nem todas as expressões religiosas de orações das tradições representadas, nem esgota o rico manancial de tradições religiosas da humanidade. Assim, esta coletânea de orações aponta de certa maneira para algo muito mais amplo do que ela mesma apresenta.

O livro informa sempre a tradição religiosa à qual a oração pertence. Esta indicação não significa sempre que o autor da respectiva oração tenha explicitamente professado esta fé. Na grande maioria dos casos, isto é fato, mas em alguns não. Optamos, entretanto, por indicar a tradição religiosa, no sentido de informar aos leitores o contexto religioso no qual a oração foi gestada. Imaginamos que essa informação seja útil para uma melhor compreensão da oração, cuja autoria também identificamos. Em alguns casos a autoria não é necessariamente de uma pessoa, mas de algum livro sagrado da respectiva tradição religiosa. Em poucos, não conseguimos identificar a autoria, mas apenas o contexto da tradição religiosa no qual a respectiva oração surgiu. Nesses casos, fizemos apenas a indicação da tradição religiosa, sem autoria. Nossas fontes de busca foram múltiplas e em muitas línguas. Assim, diversas orações precisaram ser traduzidas. Temos consciência da dificuldade que é traduzir uma oração. Mas é melhor correr o risco de o nosso texto não expressar com total fidelidade o texto de origem do que omitir a grande riqueza das orações escritas originalmente em outras línguas. Ao final da obra, antes dos índices, apresentamos as referências bibliográficas de nossas pesquisas.

A distribuição das orações ao longo da obra foi feita de maneira tal a espelhar a sua pluralidade. Assim as orações não foram agrupadas por nenhum critério: nem por tradição religiosa, nem por temas, nem autores, nem por época. A ideia foi fazer com que a própria distribuição das orações na obra fosse um reflexo da diversidade. Assim as orações foram mescladas o máximo possível, fazendo com que cada nova oração possibilite um novo respiro, um novo momento, uma nova experiência orante.

Como usar esta obra? Não temos nenhuma receita pronta a oferecer. Leitores da obra anterior (*Sede de Deus*) relataram que abriam o livro aleatoriamente, deixando-se surpreender pela oração que se apresentava – é uma maneira possível. Outra é seguir oração por oração, adentrando aos poucos na diversidade de linguagens e expressões religiosas de tempos diversos, autores diversos, estilos diversos, crenças diversas. Aos que desejarem, entretanto, procurar por determinadas orações, por orações de determinadas autorias ou determinadas tradições, apresentamos, ao final da obra, os índices tanto da distribuição corrida das orações, como também o seu índice alfabético, os índices de autorias e índices de orações das tradições religiosas aqui representadas. Aos que procuram por orações específicas ou autores específicos, bem como por orações de determinadas tradições religiosas, estes índices poderão ser um bom instrumento de uso do livro.

O que se espera desta obra? Ela é uma partilha. Como já afirmado anteriormente, a oração é um respiro das religiões. Por elas, pode-se perceber a vitalidade dos crentes: que se colocam diante do transcendente, que se colocam em prece, que adoram ou admiram, que pedem ou agradecem. Esta coletânea é um pequeno gesto de partilha desse universo formado pelas experiências religiosas dos crentes que oram. Como organizadores desta coletânea, atuamos também há muitos anos no Programa de Pós-Graduação em Ciência da Religião da Universidade Federal de Juiz de Fora, MG, e nesse programa, na área de pesquisa Tradições Religiosas e Perspectivas de Diálogo. Neste sentido, a obra é igualmente fruto de muita pesquisa e do esforço para levar para dentro da academia a sensibilidade para com a diversidade religiosa, para a importância do diálogo e o imprescindível espírito de devoção que isto requer. Devoção com abertura inter-religiosa. Além disso, há o desejo de que este respiro das religiões possa reverberar: que esta amostra de orações e preces não fique letra impressa. Que ganhe vida no respiro de quem aqui encontrar inspiração.

II

ORAÇÕES

1. BREVIDADE DA VIDA HUMANA

Salmo 90 – Oração de Moisés
Judaísmo

Senhor, tu foste nosso abrigo,
de geração em geração.
Antes que nascessem os montes
e que gerasses terra e mundo,
desde sempre, para sempre, tu és Deus.
Fazes as criaturas humanas voltarem ao pó,
dizendo: "Voltai ao pó, seres humanos!"
Pois mil anos a teus olhos
são como o dia de ontem, que já passou,
e como uma vigília da noite.
Tu os arrebatas: são como um sono matutino,
transitórios como a erva,
que de manhã brota e floresce,
e de tarde murcha e seca.
Pois nós somos consumidos por tua cólera,
abalados por teu furor.
Puseste nossas iniquidades diante de ti,
nossos segredos à luz de tua face.
Pois nossos dias dissipam-se diante de teu furor,

consumimos os anos como um suspiro.
Setenta anos é a duração de nossa vida;
ou oitenta anos, se ela for vigorosa.
Mas sua agitação é fadiga inútil,
porque passa depressa, e nós levantamos voo.
Quem é capaz de conhecer a força de tua ira,
e tua cólera segundo o temor que te é devido?
Ensina-nos, pois a contar nossos dias,
para alcançarmos um coração sábio!
Volta-te, Senhor! Até quando?
Tem compaixão de teus servos!
Sacia-nos, desde a manhã, com teu amor,
e exultaremos de alegria, todos os nossos dias.
Alegra-nos pelos dias em que nos afligiste,
pelos anos em que vimos a infelicidade!
Que tua ação se manifeste a teus servos,
e a teus filhos o teu esplendor!
Que a graça do Senhor nosso Deus esteja sobre nós!
Consolida para nós a obra de nossas mãos,
sim, consolida esta obra de nossas mãos!

2. PRECE FINAL
Prece budista
Budismo

Do fundo do peito, pedimos por harmonia eterna em todo o mundo!
Possamos nós, a comunidade dos despertos,
ganhar ainda nesta vida
o reino secreto da meditação!
Possa reinar a paz em todos os países
e possam ser felizes todos os homens!
E que todas as criaturas
se beneficiem desta liturgia!

3. A TI SOMENTE ADORAMOS (AL FATIHA)
Corão 1,1-7
Islã

Em nome de Deus, o Clemente, o Misericordioso.
Louvado seja Deus, o Senhor dos mundos,
o Clemente, o Misericordioso,
o Soberano do dia do Julgamento.
A ti somente adoramos.
Somente a ti imploramos socorro.
Guia-nos na senda da retidão,
a senda dos que favoreceste,
não na dos que incorrem na tua ira,
nem na dos que estão desencaminhados.

4. ORAÇÃO DA ECUMENE ABRAÂMICA
Hans Küng
Cristianismo

Deus oculto, eterno, insondável, misericordioso,
fora de ti não há outro Deus.
És grande e digno de todo louvor;
teu poder e graça sustentam o universo.
Tu, que és Deus de fidelidade, verdadeiro e justo
escolheste Abraão, teu fiel servidor,
para ser o pai de muitas nações,
e falaste por meio dos profetas.
Bendito e abençoado seja o teu nome em todo o mundo.
Seja feita a tua vontade onde quer que haja um povo.
Deus vivo e misericordioso, escuta a nossa prece:
nossa culpa agora é grande.
Perdoa-nos, descendência de Abraão, por nossas guerras,
nossas inimizades mútuas e maldades.
Resgata-nos do infortúnio e dá-nos a paz.
Tu que conduzes a história
e és guardião de nosso destino,
abençoa os líderes e governantes das nações,
para que eles não cobicem o poder e a glória,
mas ajam com responsabilidade
para o bem-estar e a paz da humanidade.
Guia nossas comunidades religiosas e suas lideranças,
para que não apenas proclamem a mensagem da paz,
mas também revelem-na em sua vida.
A todos nós, e a quantos não compartem a nossa fé,
dá-nos tua graça, misericórdia e bondade,
e guia-nos, Deus dos vivos,
pela via reta que conduz à tua glória eterna.

5. OM
Brihadaranyaka Upanishad V,1
Hinduísmo

Om. Plenitude lá, plenitude cá:
Plenitude que brota da plenitude.
Retire a plenitude da plenitude:
E ainda permanece plenitude.

6. PRECE DE SIMEÃO
Lucas 2,29-32
Cristianismo

Agora, Senhor,
já podes deixar teu servo ir em paz,
segundo a tua palavra.
Porque meus olhos viram a salvação
que preparaste diante de todos os povos:
a luz para iluminação das nações
e para a glória de teu povo, Israel.

7. AO ENTRAR NA CASA DE ORAÇÃO
Abu Dawud, Tirmidhi, Ibn Majah
Islã

Eu busco a proteção em Deus, o grande,
e em sua face nobre e seu eterno domínio
diante do poder rejeitado do mal.
Em nome de Deus.
Bênção e paz estejam com os enviados de Deus.
Meu criador e mantenedor,
perdoa minhas faltas
e abre para mim as portas de tua misericórdia.

8. OBRIGADO POR ESTE MOMENTO
Rabino Michael Lerner
Judaísmo

Obrigado, Deus,
por me deixar viver este momento.
Que momento magnífico para a renovação daquilo
que é melhor em toda a humanidade!
Que bênção é estar vivo
quando os povos do mundo,
a cada momento,
se permitem ligar-se de novo
às verdades espirituais mais profundas que conhecemos.
E nos permitem sentir nossa mútua dependência
e nossa necessidade de amor e de reconhecimento
de uns para com os outros, de piedade e de compreensão.

É uma glória saber
que o próprio universo
é permeado por um amor sem fim,
que o poder máximo do universo
é o Poder da cura e da transformação,
YHWH – a força que nós, judeus, chamamos Deus
ou o Eterno ou a Realidade Máxima –
e que esse Poder é um poder da divindade,
um poder que flui através de cada um de nós
e torna possível nossa função
como agentes da cura e transformadores do planeta,
em parceria com o Transformador Máximo.

9. QUE TODAS AS CRIATURAS TENHAM FELICIDADE
Oração tibetana do desejo
Budismo

Possam todas as criaturas ter felicidade
e também a causa da mesma.
Possam elas ser livres da dor
e também da origem da mesma.
Possam elas ser felizes sem dor.
Possam elas experimentar serenidade
sem estar presas ao agradável
e livres do desagradável.

10. O ETERNO DESCOBRIMENTO
Teilhard de Chardin
Cristianismo

Deus não se apresenta aos nossos seres finitos
como uma coisa já completamente acabada
que vamos abraçar.
Deus é, antes, para nós
o eterno descobrimento
e o eterno crescimento.
Quanto mais julgamos compreendê-lo,
mais Ele se mostra diferente do que julgávamos.
Quanto mais julgamos tê-lo agarrado,
mais Ele recua,
atraindo-nos para as profundezas de si próprio.
Quanto mais nos aproximamos dele,
por todos os esforços da natureza e da graça,
mais Ele aumenta com o mesmo movimento
a sua atração sobre as nossas potências,
e a receptividade das nossas potências
a essa divina atração.

11. OCEANO INFINITO
Rûmî
Islã

O amor é um oceano infinito,
cujos céus são apenas um floco de espuma.
Saiba que as ondas do amor
é que fazem girar a roda dos céus,

pois sem o amor o mundo seria sem vida.
Como se transformaria em árvore uma coisa inanimada?
Os vegetais não se sacrificariam para conseguir seu espírito?
Como se sacrificaria o espírito pelo Sopro cujo perfume
engravidou Maria?
Cada átomo é seduzido por esta Perfeição e corre para ela.
Sua pressa diz implicitamente: Obrigado, ó Deus.

12. TOMA-ME PELA MÃO
Etty Hillesum
Judaísmo

Meu Deus,
Toma-me pela mão;
seguir-te-ei decididamente,
sem muita resistência.
Não me furtarei
a nenhuma das tempestades
que se abaterão sobre mim
nesta vida.
Suportarei o embate
com o melhor de minhas forças.
Mas dá-me, de vez em quando,
um breve instante de paz.
E não acreditarei,
em minha inocência,
que a paz que descer sobre mim
é eterna.
Aceitarei a inquietude
e o combate que se seguirão.

Gosto de demorar-me
no calor e na segurança,
mas não me revoltarei
quando tiver de enfrentar o frio,
desde que me guies pela mão.
Seguir-te-ei por toda parte
E tentarei não ter medo.
Onde quer que eu esteja,
tentarei irradiar um pouco de amor,
desse verdadeiro amor ao próximo
que há em mim. [...]
Não quero ser nada especial.
Quero tão somente tentar
tornar-me aquela que já está em mim,
mas ainda busco seu pleno desabrochar.

13. AS MONTANHAS, OS RIOS, O ZEN
Sentença zen
Budismo

Antes que eu penetrasse no Zen,
as montanhas nada mais eram senão montanhas
e os rios nada a não ser rios.
Quando aderi ao Zen,
as montanhas não eram mais montanhas
nem os rios eram rios.
Mas, quando compreendi o Zen,
as montanhas eram só montanhas
e os rios, só rios.

14. CONCEDEI-ME, SENHOR
Tomás de Aquino
Cristianismo

Concedei-me, Senhor meu Deus,
Uma inteligência que vos conheça,
Um zelo que vos procure,
Uma ciência que vos encontre,
Uma vida que vos agrade,
Uma perseverança que vos espere na confiança,
Uma confiança que, finalmente, vos possua.

15. SINFONIA UNIVERSAL
Salmo 150
Judaísmo

Aleluia!
Louvai a Deus em seu santuário,
louvai-o no seu majestoso firmamento!
Louvai-o por seus grandes feitos,
louvai-o por sua imensa grandeza!
Louvai-o ao som de trombeta,
louvai-o com harpa e cítara!
Louvai-o com pandeiro e dança,
louvai-o com instrumentos de corda e flautas!
Louvai-o com címbalos sonoros,
louvai-o com címbalos vibrantes!
Tudo que respira louve o Senhor!
Aleluia!

16. O QUE É MEDITAÇÃO
Thich Nhat Hanh
Budismo

Meditação significa estar totalmente presente,
corpo e espírito unidos, imperturbavelmente.
Se tu estás presente, isto é também outra coisa.
Isto é vida.
Pois vida só te é disponível,
se tu fores disponível para a vida.
As duas coisas se pertencem mutuamente.
Meditar significa sentar-se
às margens de seu sentimento
e observar como eles vêm
e como eles vão
e olhar profundamente em sua natureza.
Meditar significa, em primeiro lugar,
gerar energia da atenção,
para que ela acolha nossos sentimentos
e nossa percepção.

17. ORAÇÃO PELA PAZ
Francisco de Assis (atribuída)
Cristianismo

Senhor, fazei-me instrumento de vossa paz.
Onde houver ódio, que eu leve o amor.
Onde houver ofensa, que eu leve o perdão.
Onde houver discórdia, que eu leve a união.

Onde houver dúvidas, que eu leve a fé.
Onde houver erro, que eu leve a verdade.
Onde houver desespero, que eu leve a esperança.
Onde houver tristeza, que eu leve a alegria.
Onde houver trevas, que eu leve a luz.
Ó Mestre, fazei que eu procure mais
consolar que ser consolado;
compreender que ser compreendido;
amar que ser amado.
Pois é dando que se recebe,
é perdoando que se é perdoado,
e é morrendo que se vive para a vida eterna.

18. SÓ POR TI
Râbi'a
Islã

Ó meu Deus!
Se te adorei por medo do inferno,
queima-me em seu fogo.
Se te adorei pela esperança do paraíso,
priva-me dele.
Mas se te adorei unicamente por ti,
não me prives da contemplação do teu rosto.

19. REFÚGIO NAS TRÊS JOIAS
Prece budista
Budismo

A partir de hoje, prometo seguir os dez preceitos:
Não irei ferir
Não irei roubar
Não irei cometer adultério
Não irei mentir
Não irei me vangloriar
Não irei falar palavras rudes
Não irei dizer coisas dúbias
Não irei ser avarento
Não irei odiar
Não irei perder de vista a verdade.

20. BÊNÇÃO IRLANDESA
Cristianismo

Que o caminho seja brando
a teus pés,
o vento sopre leve
em teus ombros.
Que o sol brilhe cálido
sobre tua face,
as chuvas caiam serenas
em teus campos.
E até que eu
de novo te veja,
que Deus te guarde
na palma de sua mão.

21. BÊNÇÃO
Rabindranath Tagore
Hinduísmo

Abençoa este coração
pequenino, esta alma branca que
arrebatou para a terra o beijo do céu.
Ele gosta da luz do sol, e se delicia em
contemplar o rosto de sua mãe.
Ainda não aprendeu a desprezar
o pó da terra nem a cobiçar o ouro.
Aconchega-o junto ao teu coração,
E dá-lhe a tua bênção.

22. E SE AINDA DESEJO ALGUMA COISA
Al-Hallaj
Islã

De ti e de mim eu me admirei,
    ó meta do meu desejo!
Aproximaste-me tanto de ti
    que acreditei que Tu fosses meu eu.
Ao te encontrar tanto me ocultei,
    que em ti fizeste que eu me extinguisse.
Ó Tu, que és minha graça enquanto vivo
    e paz tranquila quando estiver sepultado!
Só em ti reside o meu amor,
    porque Tu és meu temor e segurança.
Oh! nos jardins dos teus significados
    está contida toda a minha arte,
e se ainda desejo alguma coisa,
    és somente Tu todo o meu desejo!

23. DESDE A AURORA EU TE PROCURO
Judaísmo

Desde a aurora virei procurar-te,
meu rochedo e meu refúgio.
Quero colocar diante de ti
minha manhã e minha tarde.
Ficarei amedrontado diante de tua grandeza,
pois os teus olhos descobrem
cada pensamento do meu coração!
O que poderiam fazer o coração e a boca,
se está tão baixa a energia do meu espírito dentro de mim?
Sim, seja-te agradável o canto
de quem é somente um homem:
por isso quero louvar-te
enquanto ainda me resta um sopro divino.

24. BUSCANDO A DEUS
Teresa d'Ávila
Cristianismo

Alma, buscar-te-ás em mim,
E a mim buscar-me-ás em ti.

De tal sorte pôde o amor,
Alma, em mim te retratar,
Que nenhum sábio pintor
Soubera com tal primor
Tua imagem estampar.

Foste por amor criada,
Bonita e formosa, e assim
Em meu coração pintada,
Se te perderes, amada,
Alma, buscar-te-ás em mim.

Porque sei que te acharás
Em meu peito retratada,
Tão ao vivo debuxada,
Que, em te olhando, folgarás
Vendo-te tão bem pintada.

E se acaso não souberes
Em que lugar me escondi,
Não busques aqui e ali,
Mas, se me encontrar quiseres,
A mim, buscar-me-ás em ti.

Sim, porque és meu aposento,
És minha casa e morada;
E assim chamo, no momento
Em que de teu pensamento
Encontro a porta cerrada.

Buscar-me em ti, não por fora…
Para me achares ali,
Chama-me, que, a qualquer hora,
A ti virei sem demora
E a mim buscar-me-ás em ti.

25. ORAÇÃO PELA PAZ
Oração muçulmana
Islã

Deus, Tu mesmo és a paz!
De ti vem a paz
e a paz conduz de volta para ti.
Preencha-nos, pois, Deus, com a tua paz,
e conduza-nos para os lugares de tua paz.
Tu és rico de bênçãos, de majestade e graça.

26. PROMESSA DA LIBERTAÇÃO
Vajracchedika 3
Budismo

Todas as criaturas – seja quantas forem que há no mundo,
para as quais se possa usar o nome criatura:
as nascidas de um ovo, as nascidas de um útero,
as nascidas por esforço, as nascidas por milagre,
corpóreas e sem corpo,
compreensíveis e incompreensíveis
e todas as criaturas para além da compreensão e da
    incompreensão:
independente da forma com que estas criaturas possam ser
    percebidas,
todas estas criaturas sem exceção
prometo eu conduzir à libertação!

27. O MEIO DIVINO DO DESCOBRIMENTO
Teilhard de Chardin
Cristianismo

Aquele que amar apaixonadamente Jesus
escondido nas forças que fazem crescer a terra,
a terra, maternalmente,
erguê-lo-á nos seus braços gigantes
e far-lhe-á contemplar o rosto de Deus.

28. ATO DE SUBMISSÃO E RESIGNAÇÃO
Allan Kardec
Espiritismo

Elevei meu olhar para ti, ó Eterno, e me senti fortalecido. És a minha força, não me abandones, ó Deus! Estou esmagado sob o peso de minhas iniquidades! Ajuda-me; Tu conheces a fraqueza de minha carne e não desvias teus olhos de mim!

Estou devorado por uma sede ardente, faze brotar a fonte de água viva e me dessedentarei. Que minha boca só se abra para cantar teus louvores e não para murmurar das aflições de minha vida. Sou fraco, Senhor, mas teu amor me sustentará.

Ó Eterno! Só Tu és grande, só Tu és o fim e a meta da minha vida. Seja bendito teu nome, quando me feres, pois és o Senhor e eu o servo infiel; inclinarei minha fronte sem me lamentar, pois só Tu és grande, só Tu és o alvo.

29. ORAÇÃO DO ABANDONO
Charles de Foucauld
Cristianismo

Meu Pai,
entrego-me a Vós,
fazei de mim o que for do vosso agrado.
O que quiserdes fazer de mim, eu vos agradeço.
Estou pronto para tudo, aceito tudo,
desde que vossa vontade se realize em mim,
em todas as vossas criaturas;
não desejo outra coisa, meu Deus.
Deponho minha alma em vossas mãos,
eu vo-la dou, meu Deus, com todo o amor do meu coração,
porque vos amo
e porque, para mim, é uma necessidade de amor dar-me
e entregar-me em vossas mãos, sem medida,
com uma confiança infinita, pois sois meu Pai.

30. OFERENDA COM AMOR
Bhagavad Gita IX, 26
Hinduísmo

Sabe também, ó Arjuna!
Que eu aceito toda a oferenda
que se me faça com amor:
seja uma folha, uma flor,
uma fruta ou apenas
gotas de água.
Eu não olho o valor da oferenda,
mas olho o coração
de quem a faz.

31. E ESQUECEU-SE DE PARTIR
Rûmî
Islã

Teu amor chegou a meu coração e partiu feliz.
Depois retornou e se envolveu com o hábito do amor,
mas retirou-se novamente.
Timidamente, eu lhe disse: "Permanece dois ou três dias!"
Então veio, assentou-se junto a mim e esqueceu-se de partir.

32. DEIXAR CAIR CORPO E MENTE
Dogen – Genjôkoan (Shōbōgenzō)
Budismo

Aprender o Budismo é aprender a si mesmo;
aprender a si mesmo e esquecer-se de si mesmo.
Esquecer-se de si mesmo é ser despertado para a realidade.
Despertar-se para a realidade é deixar cair o próprio corpo e mente
e o corpo e mente dos outros.

33. SUBIDA DO MONTE CARMELO
João da Cruz
Cristianismo

Para chegares a saborear tudo,
Não queiras ter gosto em coisa alguma.
Para chegares a possuir tudo,
Não queiras possuir coisa alguma.

Para chegares a ser tudo,
Não queiras ser coisa alguma.
Para chegares a saber tudo,
Não queiras saber coisa alguma.
Para chegares ao que não gostas,
Hás de ir por onde não gostas.
Para chegares ao que não sabes,
Hás de ir por onde não sabes.
Para vires ao que não possuis,
Hás de ir por onde não possuis.
Para chegares ao que não és,
Hás de ir por onde não és.

34. O CRIADOR DA LUZ
Judaísmo

Bendito sejas Tu, Senhor nosso Deus, Rei do mundo,
que formas a luz e crias as trevas,
fazes a paz e crias todas as coisas.
Tu iluminas a terra
e aqueles que nela habitam.
Tu renovas cada dia e sempre
a obra da criação.
Como são grandes as tuas obras, Senhor!
Fizeste-as todas com sabedoria
e a terra está cheia de tua riqueza.
Só Tu, ó Rei, és exaltado desde sempre;
Só Tu és louvado e magnificado,
glorificado e engrandecido desde sempre.
Ó Deus do mundo,

na tua grande misericórdia
tem piedade de nós.
Senhor, Tu és a nossa força,
o rochedo em quem encontramos refúgio,
o escudo que nos salva,
a nossa proteção.
Deus bendito, dotado de grande conhecimento,
dispuseste e fizeste os esplendentes raios do Sol;
Ele, que é bom, criou a glória de seu Nome,
colocou luminares em torno à sua Majestade.
Os comandantes das santas tropas,
que exaltam sempre o Onipotente,
narram a glória de Deus e sua santidade.
Sejas bendito, Senhor nosso Deus,
no alto dos céus e aqui na terra,
pela excelência das obras de tua mão
e pelos luminares que formaste:
eles te rendam glória.

35. NA CHAMA DA VELA!
Goethe
Cristianismo

Quero louvar o Vivente
Que aspira à morte na chama
No frescor das noites de amor.
És tomada de sentimento estranho
Quando luze a labareda silenciosa.
Não ficas mais fechada

Na sombra tenebrosa
E um desejo novo te leva
Em direção a mais alto himeneu.
E enfim, amante da luz,
Te vemos, ó borboleta,
consumida.
Corres voando fascinada,
E tanto não compreendeste
Este: morre e transforma-te!
Que és apenas hóspede obscuro
Sobre a terra tenebrosa

36. A VIDA É COMPLICADA
Kodo Sawaki
Budismo

A vida é complicada.
Há momentos, como na guerra,
onde o fogo cai do céu,
e outros onde podemos adormecer,
aconchegados, junto à lareira.
Há períodos nos quais necessitamos trabalhar
mesmo de noite,
e outros em que se pode beber o saquê.
Buscar realizar essa vida,
mediante o ensinamento de Buda,
isto é o Budismo.

37. ENSINA-NOS TEUS CAMINHOS

Basílio de Cesareia

Cristianismo

Senhor nosso Deus,
Tu que deste aos homens tua paz
e enviaste a teus discípulos
o dom do Espírito Santo,
abrindo seus lábios com teu poder
por meio das línguas de fogo:
abre também nossos lábios de pecadores
e ensina-nos como e por que rezar.

Governa nossa vida,
Tu que és o oásis sereno
dos que são sacudidos pela tempestade,
e faze-nos conhecer o caminho que devemos seguir.

Restaura em meu coração uma mente reta,
consolida as incertezas do meu juízo,
para que, guiados diariamente por teu bom espírito,
sejamos dignos de cumprir teus mandamentos,
de recordar-nos sem cessar
da gloriosa presença
que perscruta as ações humanas,
e faze que não sejamos enganados pelas seduções
dos prazeres corrompidos deste mundo.
Dá-nos a força de desejar
o gozo dos tesouros futuros.

Pois Tu és bendito e louvado
pela presença em todos os santos,
pelos séculos dos séculos. Amém.

38. HINO À UMBANDA
J.M. Alves
Umbanda

Refletiu a luz divina
em todo seu esplendor.
É o reino de Oxalá,
onde há paz e amor.

Luz que refletiu na terra.
Luz que refletiu no mar.
Luz que veio de aruanda
para tudo iluminar.

Umbanda é paz e amor.
É um mundo cheio de luz.
É força que nos dá vida
e a grandeza nos conduz.

Avante filhos de fé,
como a nossa lei não há.
Levando ao mundo inteiro
a bandeira de Oxalá.

39. DECÁLOGO DA FELICIDADE
Jesus Cristo (Mateus 5,3-12)
Cristianismo

Felizes os pobres de espírito,
porque deles é o Reino dos Céus.
Felizes os que choram,
porque serão consolados.

Felizes os mansos,
porque possuirão a terra.
Felizes os famintos e sedentos de justiça,
porque serão saciados.
Felizes os que se compadecem
porque alcançarão misericórdia.
Felizes os limpos de coração,
porque verão a Deus.
Felizes os pacíficos,
porque serão chamados filhos de Deus.
Felizes os perseguidos por causa da justiça,
porque deles é o Reino dos Céus.
Felizes sereis quando vos insultarem e perseguirem
e, por minha causa, mentirem,
dizendo contra vós todo mal.
Alegrai-vos e exultai,
porque grande será a recompensa.
Foi assim que perseguiram
os profetas antes de vós.

40. AÇÃO DE GRAÇAS
Judaísmo

Nós te agradecemos
porque Tu és o Senhor, nosso Deus,
e o Deus de nossos pais.
Nós te agradecemos por nossa vida
entregue em tuas mãos;
por nossas almas confiadas a ti;
pelos prodígios

que dia após dia operas em nós;
pelas coisas maravilhosas
e pelas obras de bondade
que realizas em cada tempo,
à tarde, de manhã e ao meio-dia.
Tu és bom,
tua misericórdia jamais falta.
Tu és misericordioso,
não se esgota tua caridade.
Desde sempre esperamos em ti;
não nos deixaste desiludidos,
Senhor nosso Deus,
não nos abandonaste
e não afastaste teu rosto de nós.
Bendito sejas Tu, Senhor;
teu Nome é o ótimo,
e a ti convém o louvor.

41. NASCIDO PARA SER MONGE
Riokan
Budismo

Nascido para ser monge itinerante,
como podia fixar-me um longo tempo.
Tomei o meu cantil, dei adeus ao mestre,
contente de partir para outros cantos.
De manhã, buscava o alto das montanhas,
à noite, atravessava as sombrias correntes do mar.
Basta uma só palavra para desfalecer,
prometi não deter-me por toda a vida.

42. OLHA, SENHOR
Martim Lutero
Cristianismo

Olha, Senhor,
sou como um vaso vazio.
Enche-o,
sou fraco na fé.
Fortalece-a
Sou frio no amor.
Permite que meu coração queime.
Deixa que meu amor jorre
sobre o meu próximo.
Não tenho uma fé firme e forte.
Às vezes, duvido
e não consigo confiar completamente em ti.
Senhor, ajuda-me.
Aumenta a minha fé,
permite que eu confie em ti.
Sou pobre, Tu és rico.
No entanto,
Tu vieste para ter compaixão dos pobres.
Eu sou um pecador,
Tu és justo.
Sofro por causa do pecado.
Em ti está toda a justiça.
Fico contigo,
pois de ti posso receber
e não preciso dar.

43. BRAHMAN, A UNIDADE TOTAL
Mundaka Upanishad II, 2,2;5-6
Hinduísmo

É brilhante, mais fino que toda finura sobre a terra:
Todos os mundos e os que eles contêm estão ali contidos:
Isto é indestrutível, o Brahman.
É energia vital, é palavra, é espírito,
Verdade e imortalidade:
e infinitamente mais que isto, meu amigo;
por isso mergulhe profundamente,
cada vez mais profundamente.
Céu e terra e o etéreo
são seu manto; e espírito e sopro vital:
Isto é com certeza o Atman.
Deixe de lado todas as outras palavras.
Esta é a ponte para a imortalidade.
Ele age em nosso interior
e se mostra em muitas formas, em muitos lugares.
Fale Om e medite o Atman.
Alegra-te!
Que possas tu alcançar a outra margem da escuridão!

44. BUSCO TEU NOME

Yunus Emré
Islã

Assim,
entre as rochas,
sobre os montes,
busco teu nome.
Busco teu nome
como o buscam os pássaros
voando pelos céus,
os peixes nadando pelos mares,
os antílopes correndo pelas planícies.
Como o homem que ama e deseja,
busco teu nome: Deus...

Amo teu nome.
canto teus louvores,
agradeço,
enumero e digo teus atributos.
Amo teu nome.

Conheci o mundo e as coisas.
Aprendi.
E, apesar de tudo,
não conheço nem o mundo nem as coisas.

Minha cabeça está descoberta,
descalços os meus pés.
A tudo renuncio;
sigo, porém, buscando o teu nome...

Com a voz de todos aqueles
que te amam e te chamam:
Amo teu nome.

45. VAZIO DO TAMANHO DE DEUS
Leonardo Boff
Cristianismo

Sinto em mim um grande vazio,
Tão grande, do tamanho de Deus.
Nem o Amazonas que é dos rios o rio
Pode enchê-lo com os afluentes seus.

Tento, intento e de novo tento
Sanar esta chaga que mata.
Quem pode, qual é o portento
Que estanca esta veia ou a ata?

Pode o finito conter o Infinito
Sem ficar louco ou adoecer?
Não pode. Por isso eu grito

Contra esse morrer sem morrer.
Implode o Infinito no finito!
O vazio é Deus no meu ser!

46. O PODER DA VIDA
Tao Te Ching
Taoismo

O homem, quando nasce, é suave e flexível.
O homem, quando morre, é rijo e duro.
Em seu nascimento, todas as coisas,
 incluindo as plantas, são tenras e suaves.
Em sua morte, são secas e rígidas.

Assim, o rijo e o duro são os companheiros da morte;
o suave e o flexível são os companheiros da vida.
É por isso que um exército forte não consegue a vitória.
Uma árvore robusta recebe o machado.
O que é duro e forte declina;
o que é suave e flexível prospera.

47. Ó DEIDADE
Catarina de Sena
Cristianismo

Ó Deidade, Deidade, eterna Deidade!
Confesso, não nego:
Tu és um oceano de paz,
em que se alimenta e nutre a alma
de quem em ti repousa pelo afeto e pelo amor,
conformando a própria vontade
com a tua altíssima e eterna vontade,
que apenas deseja a nossa santificação.
Quem valoriza tal verdade
despoja-se da sua vontade
e reveste-se da tua.

48. ORIGEM DE TODAS AS COISAS
Purandaradasa
Hinduísmo

Este é Deus. Assim é Deus...
Ah, o que sabem as pessoas!
Eu quero te dizer como Ele é.
Ele não tem pés, mas presenteia a todos com movimento;
nenhuma mão, mas ordena a todos que peguem;
nenhum dente, mas a todos dá a capacidade de mastigar;
não tem estômago, mas a todos dá de comer;
não tem orelhas, mas a todos dá a audição.
Invisível, Ele perpassa todo o mundo interior e exterior.
Ele é a origem de tudo.
O que os homens jamais pensaram sobre Deus:
Isto é Ele.

49. AO ARDENTE DESEJO
Dhû'l-Nûn
Islã

Morro, mas sem que morra em mim
o ardor do meu amor por ti,
teu amor, é minha única meta,
e jamais se acalmará a febre da alma.
Meu espírito lança seu grito para ti,
e só em ti se apoia toda a minha ambição,
tua riqueza, no entanto, está acima
da pobreza do meu humilde amor.
Dirijo a ti a minha oração

e procuro em ti meu último repouso,
para ti sobe o lamento surdo,
Tu atormentas meus pensamentos secretos.
Oh! dá-me, pois, teu favor
para que, assim guiado, eu possa viver
e por tua intercessão supere sem fadiga
o rigor da minha pobreza.

50. TU ÉS GRANDE, SENHOR!
Agostinho de Hipona
Cristianismo

Grande és Tu, Senhor, e digno de louvor!
Grande é teu poder
e tua sabedoria é sem limites.
A ti quer louvar o ser humano,
esta pequenina parte de tua criação.
O ser humano, que carrega em si a sua mortalidade
bem como testemunha sua fraqueza.
Mesmo assim o ser humano deseja te louvar,
esta pequenina parte de tua criação.
Tu fazes com que o louvor
o encha de alegria.
Pois para ti é que nos criaste,
e nosso coração não terá pátria,
enquanto não descansar em ti.

51. HINO AO SENHOR DO UNIVERSO
Salmo 148
Judaísmo

Aleluia!
Louvai o Senhor, do alto dos céus,
louvai-o nas alturas!
Louvai-o vós todos, seus anjos,
louvai-os vós todos, seus exércitos!
Louvai-o, sol e lua,
louvai-o vós todas, estrelas brilhantes!
Louvai-o vós, os mais altos céus,
louvai-o, águas que estais acima dos céus!
Que eles louvem o nome do Senhor,
pois ele mandou, e foram criados!
Ele os fixou para todo o sempre,
ao promulgar uma lei, que não passará.
Louvai o Senhor, vós da terra;
dragões e vós, todas as profundezas do oceano,
fogo e granizo, neve e neblina;
vento de tempestade, dócil à sua palavra;
montanhas e todas as colinas,
árvores frutíferas e todos os cedros;
todos os animais selvagens e domésticos,
répteis e aves que voam;
reis da terra e todos os povos,
príncipes e todos os chefes da terra;
moços e vós também moças,
velhos e crianças!
Que eles louvem o nome do Senhor,
pois o seu nome é o único que é sublime!
Sua majestade, sobre a terra e o céu,
suscita o vigor de seu povo,
o louvor de todos os seus fiéis,
dos israelitas, o povo que lhe é próximo.
Aleluia!

52. CONDUZ-ME, DOCE LUZ
John Henry Newman
Cristianismo

Conduz-me, doce luz, pela escuridão que me cerca,
sê Tu a me conduzir!
A noite é escura e estou longe de casa,
sê Tu a me conduzir!
Protege meus passos, não te peço para ver
a longa distância: apenas um passo por vez
para mim já é mais que suficiente.

Não fui sempre assim,
e não rezei sempre
para que Tu me conduzisses.
Eu gostava de escolher e ver o caminho;
mas agora sê Tu a me conduzir.
Eu gostava do dia luminoso
e, apesar dos medos,
o orgulho guiava minha vontade:
não recordes os anos passados!

Por tanto tempo o teu poder me abençoou,
e, certamente, conduzir-me-á ainda,
para além do atoleiro e do brejo,
para além da escarpa e da força das torrentes,
até que a noite se dissipe;
e, pela manhã, sorriam rostos de anjo,
rostos que há muito tenho amado
e só por pouco tenho perdido.

53. PRECE DA CARIDADE

Espírito Caritas

Espiritismo

Deus nosso Pai, que sois poder e bondade,
dai a força àquele que passa pela provação,
dai a luz àquele que procura a verdade,
ponde no coração do homem a compaixão e a caridade.

Deus, dai ao viajor a estrela-guia,
ao doente o repouso e ao aflito a consolação.

Pai, dai ao culpado o arrependimento,
ao espírito a verdade, à criança o guia, ao órfão o pai.

Senhor, que vossa vontade se estenda sobre tudo o que criastes.
Piedade, Senhor, para aqueles que não vos conhecem
e esperança para aqueles que sofrem.

Que vossa bondade permita aos espíritos consoladores
derramarem por toda parte a esperança e a fé.

Deus, um raio, uma faísca de vosso amor pode iluminar a terra.
Deixai-nos beber na fonte de vossa bondade infinita
e todas as lágrimas se secarão, todas as dores desaparecerão.
Um só coração, um só pensamento subirão até Vós,
como um grito de reconhecimento e de amor.

Como Moisés sobre a montanha,
nós vos esperamos de braços abertos.
Ó bondade, ó beleza, ó perfeição,
queremos de alguma sorte merecer vossa misericórdia.

Deus, dai-nos a força de suportar nossa prova,
ajudai-nos a progredir para que possamos nos elevar até Vós.

Dai-nos a caridade e a humildade.
Dai-nos a fé e a razão.
Dai-nos a simplicidade que fará de nossas almas
o espelho onde se refletirá vossa doce e divina imagem.

Assim seja

54. QUE SEJAMOS UM
Rev. Alan Jones
Cristianismo

Querido Deus,
Tua vontade é que sejamos um só.
Nós te agradecemos pelo fato de nos conclamares à comunhão
contigo e de uns com os outros.
Tua generosidade e piedade sempre nos arrebatam
pela surpresa.
Nós te bendizemos pela visão
da inclusão, da solidariedade e da compaixão
que nos deixa abertos, que aumenta a nossa simpatia
e nos amplia o coração.

Confiamos ao teu cuidado complacente
os que nos seriam fáceis de esquecer –
os sem-teto e os famintos,
os viciados e os perdidos,
as almas abandonadas e as crianças que ferem.

Nós te agradecemos pela imaginação e pela generosidade
dos que prestam serviços
em nome do amor e da compaixão
aos mais necessitados.

Busquemos, juntos,
servir os necessitados, os rejeitados e esquecidos.

Dá combate à nossa indiferença,
desafia os nossos limites, surpreende-nos com o júbilo.

Querido Deus,
olha por nós neste mundo de sofrimento e de glória
e mantém vivas a nossa simpatia
e a nossa piedade,
mantém o nosso rosto voltado para o céu
para que não nos embruteçamos.
Amém.

55. SÚPLICA A OXALÁ
Ponto de Oxalá
Umbanda

Oxalá, meu pai
tem pena de nós,
tem dó.
Se a volta do mundo é grande
seu poder ainda é maior.
Oxalá, meu pai
tem pena de nós,
tem dó.
Se a volta do mundo é grande
seu poder ainda é maior.

56. ORAÇÃO DA INTIMIDADE COM DEUS
Dag Hammarskjöld
Cristianismo

Tu, que estás acima de nós,
Tu, que és um dentre nós,
Tu, que és –
Também em nós.
Que todos te possam ver – também em mim,
Que eu possa preparar o caminho para ti,
Que eu possa agradecer por tudo o que me tem acontecido.
Que eu não esqueça jamais as necessidades dos outros.
Conserva-me em teu amor,
Assim como Tu queres que os outros se conservem no meu.
Que tudo em meu ser se transforme em teu louvor!
Que eu jamais chegue a desesperar!
Pois eu estou em tuas mãos
E toda força e bondade estão em ti.
Dá-me um espírito puro – para que eu te possa ver!
Dá-me um espírito humilde – para que eu te possa ouvir!
Dá-me um espírito amoroso – para que eu te possa servir!
Dá-me um espírito fiel – para que eu possa permanecer em ti!

57. SOU LUZ
Padrinho Sebastião Mota
Santo Daime

Sou luz, dou luz
E faço tudo iluminar
Vejo meu Pai nas alturas
E o Poder aonde está

A força está comigo
Falo perante o Poder
Faço o que Tu me pedes
Eu quero ver estremecer

O amor eterno
Gravei no coração
De Vós eu recebo os ensinos
Para expandir para os meus irmãos

Assim é que meu Pai quer
Perante este Poder
Não fazem o que Ele pede
E todos querem merecer

58. CANTO DE UNIÃO
Oração Russa
Cristianismo

Ó Mãe por todos cantada,
Mãe do sol de suma justiça,
Mãe do povo cristão,
glorificada do Oriente ao Ocidente,
dá-nos a união fraterna,
a nós que superamos a discórdia.
Dá-nos tua proteção materna,
para que todos possamos unir-nos
no corpo místico do teu Filho,
Cristo, nosso Deus.
E dá-nos que te cantemos,
nossa Alegria universal,
com uma só e única voz.

59. TOCANDO A TERRA
Thich Nhat Hanh
Budismo

Ande como se estivesse beijando a terra com seus pés,
como se estivesse massageando a terra.
As suas pegadas serão como marcas de um selo imperial
chamando o agora de volta ao aqui;
para que a vida esteja presente;
para que o sangue traga a cor do amor ao seu rosto;
para que as maravilhas da vida se manifestem,
e todas as aflições sejam transformadas em paz e alegria.

60. NÃO SEI O QUE ÉS
Nicolau de Cusa
Cristianismo

Senhor Deus,
amparo dos que te procuram,
vejo-te no jardim do paraíso
e não sei o que vejo,
porque nada vejo do mundo visível.
E apenas sei
que não sei o que vejo
e que nunca poderei saber.
Nem sei como chamar-te,
porque não sei o que és.
E, se alguém me disser
que és denominado com este
ou aquele nome,

sei que esse nome com o qual
és denominado
não é o teu nome.
Qualquer termo que se use
para significar teu nome
não passa de um muro
para além do qual te vejo.

61. O TODO SAPIENTE
Atharva-veda IV, 16,2
Hinduísmo

Se os homens param ou andam
ou se peregrinam em segredo,
se se curvam ou se levantam,
se dois conversam cochichando:
Deus, o rei, sabe tudo isto;
Ele é o terceiro de toda conversa entre dois.

62. APROXIMAR-SE DE TI
Nicolau de Cusa
Cristianismo

Sou incapaz de dar-te um nome,
porque tua essência me é desconhecida;
e se alguém dissesse que tens este ou aquele nome,
pela simples razão de seres nomeado

eu saberia que não é o teu nome.
O muro para além do qual te vejo
é o limite de todas as formas de apresentar nomes.
Quem quiser se aproximar de ti,
deve, por isso mesmo, elevar-se
acima de qualquer limite,
de qualquer fim, de todo ser finito.
Para te ver,
a inteligência deve fazer-se ignorância
e estabelecer-se na obscuridade.
Mas o que seria, meu Deus,
esta ignorância intelectual?
Não seria, talvez, a douta ignorância?
Ó Deus infinito,
somente aquele cuja inteligência está na ignorância
pode aproximar-se de ti,
ou seja, somente aquele
que sabe que te ignora.

63. OS CÉUS ESTÃO REPLETOS DE TUA LUZ
Rûmî
Islã

Tu estás oculto de nós,
embora os céus estejam repletos
de tua luz,
que é mais brilhante que o sol e a lua!
Tu estás oculto,
e no entanto revelas nossos segredos ocultos!
Tu és a fonte que faz correr os nossos rios.

Tu estás oculto em tua essência,
mas visível em tuas dádivas.
Tu és como a água,
nós somos a mó.
Tu és como o vento,
nós somos a poeira;
o vento é invisível,
mas a poeira é vista por todos.
Tu és a primavera,
e nós, o doce jardim verdejante;
a primavera não é vista,
embora seus dons sejam vistos.
Tu és como a alma,
nós, como mão e pé;
a alma ensina à mão e ao pé
como pegar e sustentar.
Tu és como a razão,
nós como a língua;
é a razão que ensina a língua a falar.
Tu és como a alegria,
e nós somos o riso;
o riso é a consequência da alegria.
Cada movimento nosso,
a cada momento, dá testemunho,
pois prova a presença do Deus Eterno.
Assim a revolução da mó,
tão violenta,
testemunha a existência de uma corrente de água.

64. AGRADEÇO-TE, SENHOR JESUS
Hermann Bezzel
Cristianismo

Eu te agradeço, Senhor Jesus,
por todo este dia,
e te louvo por teus bens
com os quais me abençoaste.
Não me permitas esquecer
que és tu que manténs a minha vida,
que perdoas meus pecados e tudo me presenteias.
Envolve-me agora com tua paz
e deixa-me descansar esta noite
sob tua proteção.
Quero permanecer em ti, Senhor Jesus.
Não me abandones.
Proteja, abençoa e consola-me
e deixa tua face brilhar sobre mim.

65. O SENHOR, ESPERANÇA DOS INFELIZES
Salmo 146
Judaísmo

Aleluia!
Louva, ó minha alma, o Senhor!
Louvarei o Senhor, enquanto eu viver,
cantarei louvores a meu Deus, enquanto eu existir.
Não conteis com os príncipes,
com o ser humano, no qual não há salvação.
Ao esvair-se o seu alento, ele volta ao seu pó;
no mesmo dia seus planos se apagam.

Feliz aquele que tem por ajuda o Deus de Jacó,
e por esperança o Senhor, seu Deus.
Ele que fez o céu e a terra,
o mar e tudo quanto neles existe.
Ele que guarda fidelidade para sempre,
faz justiça aos oprimidos,
dá pão aos que têm fome.
O Senhor solta os prisioneiros,
o Senhor abre os olhos aos cegos,
o Senhor endireita os encurvados,
o Senhor ama os justos,
o Senhor protege os migrantes,
ampara o órfão e a viúva,
mas confunde o caminho dos ímpios.
O Senhor reinará eternamente;
ele é teu Deus, ó Sião, de geração em geração.
Aleluia!

66. BELEZA
Darimi
Islã

Ó Deus,
fizeste bela
minha aparência externa;
faze também belo
o meu caráter interno.

67. ORAÇÃO ESPECIAL DE ENCERRAMENTO

Thomas Merton
Cristianismo

Ó Deus,
nós somos um contigo.
Tu nos fizeste um contigo.
Tu nos ensinaste
que quando estamos
abertos uns aos outros
Tu moras em nós.
Ajuda-nos a preservar
essa abertura
e a lutar por ela
com todas as nossa forças.
Ajuda-nos a compreender
que não pode haver entendimento
quando há mútua rejeição.
Ó Deus,
aceitando-nos uns aos outros
de todo o coração, inteiramente,
completamente,
nós te aceitamos e te agradecemos
e te adoramos e te amamos
com todo o nosso ser,
porque nosso ser está no teu ser
e nosso espírito está enraizado
em teu espírito.
Enche-nos pois de amor,
que o amor nos conserve unidos
quando tivermos seguido
nossos diferentes caminhos,

unidos nesse espírito único
que te faz presente no mundo
e que faz de ti testemunho
dessa realidade fundamental
que é o amor.
O amor venceu.
O amor é vitorioso.
Amém.

68. DEUS CONTOU TODO PISCAR DE OLHOS
Atharva-Veda VI, 16,5
Hinduísmo

Deus, o rei, vê tudo,
o que está entre os céus, o que fica no além.
Ele contou cada piscar de olhos do ser humano.
Com o mesmo cuidado com que o jogador arremessa os dados,
Deus coloca as suas leis.

69. EU TE TRAREI NO SANGUE
Rainer Maria Rilke
Cristianismo

Apaga-me os olhos: eu posso ver-te!
Fecha-me os ouvidos: eu posso ouvir-te!
E sem pés posso ir ao teu encontro
e mesmo sem boca eu posso chamar-te!
Arranca-me os braços, e eu te seguro

com o coração, como com minhas mãos.
Para meu coração, e em mim o cérebro
há de pulsar; e se puseres fogo
em meu cérebro, eu te trarei no sangue.

70. CHAMADO À ORAÇÃO
Oração muçulmana
Islã

Deus é grande, Deus é grande!
Deus é grande, Deus é grande!
Eu testemunho: não há deus além de Deus.
Eu testemunho: não há deus além de Deus.
Eu testemunho: Mohammed é o enviado de Deus.
Eu testemunho: Mohammed é o enviado de Deus.
Vinde à oração!
Vinde à oração!
Vinde à santidade!
Vinde à santidade!
Deus é grande, Deus é grande!
Não há deus além de Deus.

71. UM DEUS PALPÁVEL
Teilhard de Chardin
Cristianismo

Como o pagão, adoro um Deus palpável.
Até consigo tocar esse Deus por meio de toda a superfície
e de toda a profundidade do mundo da matéria
em que estou contido.
Todavia, para tocá-lo como desejaria
(simplesmente para continuar a tocá-lo),
preciso ir sempre mais longe,
através e para além de todo empreendimento,
– sem jamais poder em nada repousar,
– a cada instante arrebatado pelas criaturas,
e a cada instante ultrapassando-as,
– em contínua acolhida e em contínua
despedida.

72. A NECESSIDADE DA VITÓRIA
Chuang Tzu
Taoismo

Quando um arqueiro atira sem alvo nem mira
Está com toda a sua habilidade.
Se atira para ganhar uma fivela de metal
Já fica nervoso.
Se atira por um prêmio em ouro
Fica cego
Ou vê dois alvos –
Está louco!
Sua habilidade não mudou. Mas o prêmio

Cria nele divisões. Preocupa-se.
Pensa mais em ganhar
Do que em atirar –
E a necessidade de vencer
Esgota-lhe a força.

73. ORAÇÃO DO LAMPADÁRIO
Da liturgia bizantina
Cristianismo

Ó Deus, que habitas numa luz inacessível,

Tu deste vida a todas as criaturas
separando a luz das trevas,
pondo o sol para dominar o dia
e a lua e as estrelas para dominar a noite.

Tu permites que agora estejamos diante de ti
para louvar teu Nome
e para oferecer-te o louvor da tarde:
recebe-o como perfume de suave odor.

Concede-nos uma noite de paz;
reveste-nos com tuas armas de luz
e livra-nos das trevas do mal.

Dá-nos o repouso que nos concedeste
Como alívio à nossa fraqueza.

Faze que também nesta noite
nos lembremos do teu santo Nome,
e que despertemos na luz dos teus mandamentos
para dar glória a ti,
que és bendito nos séculos dos séculos.

74. O ESSENCIAL É O AMOR
Rûmî
Islã

No dia da Ressurreição,
quando as orações forem apresentadas,
elas serão postas na balança,
assim como os jejuns
e as obras de caridade;
mas quando o amor e a certeza
forem apresentados,
não poderão ser contidos pela balança.
Portanto, o essencial é o amor.

75. INUNDA COM A SUA PRESENÇA A CRIAÇÃO
Patriarca Bartolomeu I
Cristianismo

O Senhor inunda toda a criação
com a sua presença divina
num contínuo *legato*,
desde a substância dos átomos
até a mente de Deus.
Renovemos a harmonia entre o céu e a terra,
e exaltemos cada detalhe,
cada partícula da vida.
Possamos amar uns aos outros
– e, amáveis,
aprender uns com os outros
– para a edificação do Povo de Deus,

para a santificação da criação de Deus
e para a glória do santíssimo Nome de Deus.
Amém.

76. PELA CURA
Judaísmo

Cura-nos, Senhor, e seremos curados,
salva-nos e seremos salvos,
porque Tu és nosso louvor.
Dá perfeita cura a todas as nossas enfermidades
e a todas as nossas doenças.
Afinal, Tu és um Deus que cura,
usa misericórdia e é fiel.
Bendito sejas Tu, Senhor,
que curas os doentes de teu povo, Israel.

77. ETERNO DEUS ONIPOTENTE
Francisco de Assis
Cristianismo

Eterno Deus Onipotente, justo e misericordioso,
concedei-nos a nós míseros
praticar por vossa causa
o que reconhecermos ser a vossa vontade
e querer sempre o que vos agrade,
a fim de que, interiormente purificados,

iluminados e abrasados pelo fogo do Espírito Santo,
possamos seguir as pegadas de vosso Filho, Nosso Senhor Jesus Cristo,
e por vossa graça, unicamente, chegar até Vós, ó Altíssimo,
que em Trindade perfeita e Unidade simples
viveis e reinais na glória como Deus onipotente por toda a eternidade.

78. MINHA CHAMA NA NOITE
Rûmî
Islã

Faças que eu possa alçar meus olhos até teu rosto.
Será minha chama na noite escura.
Quando assento-me junto a ti e te acaricio,
Todo erro que cometo é uma oração;
Quando Tu não estás,
Toda oração é um erro.

79. QUE BEBIDA DIVINA
Rabindranath Tagore
Hinduísmo

Que bebida divina, meu Deus,
Você beberia da taça transbordante
de minha vida?
É seu deleite, meu Poeta,

ver sua criação por meus olhos,
manter-se no portal de meus ouvidos,
escutar silenciosamente
sua eterna harmonia?
As palavras de seu mundo
em minha mente são musicadas
por sua alegria.
Se entrega amorosamente a mim,
sentindo, em seguida,
o aroma que exalo
de seu próprio buquê.

80. POR DEUS, NOSSO PAI
Walter Rauschenbusch
Cristianismo

Ó Tu, Pai de todos nós,
nós nos alegramos porque finalmente
te conhecemos.
Nossas almas estão tranquilas
porque não mais precisamos
de nos curvar perante ti
como escravos amedrontados,
procurando aplacar tua ira
com sacrifícios e autoflagelações.
Nós nos chegamos a ti,
Deus de amor,
como crianças confiantes e felizes.
Tu és o único Pai verdadeiro,

e toda a delicada beleza do nosso amor,
da mesma forma como a lua reflete o sol,
é também reflexo radiante da tua bondade e amor.
Permite que cresçamos espiritualmente,
e com o passar dos anos
possamos alcançar a plenitude dessa fé.
Porque és nosso Pai,
que não escondamos de ti os nossos pecados,
mas que possamos superá-los
com o conforto da tua presença.
Sustenta-nos em nossos momentos de tristeza
e dá-nos paciência em meio aos mistérios
não resolvidos que os anos trazem.
Revela-nos a grandeza da bondade e do amor
que se mostram através das leis inflexíveis
deste teu mundo.
E através dessa fé faze com que
aceitemos alegremente a nossa condição
de irmãos de todas as outras tuas criaturas.

81. O AMOR DEVOROU-ME
Rûmî
Islã

O amor partiu meu leve coração
E o sol vem clarear minhas ruínas.

Ouvi belas palavras do sultão.
Caí por terra triste, acabrunhado.

Acercou-se de mim, vi o seu rosto.
"Do rosto eu não sabia mais que o véu."

Se a luz do véu abrasa esse universo,
O que dizer do fogo de teu rosto?

O amor veio e partiu. Eu o segui.
Voltou-se, como águia, e devorou-me.

Perdi-me no tempo e no espaço.
Perdi-me nos mares do verbo.

O gosto deste vinho,
Conhece quem sofreu.

Os profetas bebem tormentos.
E as águas não temem o fogo.

82. TROVAS AO DEUS SACRAMENTAL
Leonardo Boff
Cristianismo

Senhor, entra na minha morada
Quebrada e sem janelas.
A porta escancarada
Não tem chaves nem cancelas.

Apieda-te de cada canto!
Acende as luzes mortas
Para trazerem encanto
Às coisas direitas e tortas.

É a ti que eu busco
Com uma ânsia inaudita
Na luz e no lusco-fusco.
Na hora bendita e maldita!

Encontrei-te, meu Deus, afinal
Concreto, forte e quente,
O Deus perto, sacramental.
Um contigo, corpo e mente.

Guarda-me em tua memória
Como te guardo na minha.
Façamos uma só história,
A tua contida na minha.

83. QUEBRAI TODAS AS OUTRAS IMAGENS
Swami Vivekananda
Hinduísmo

Aquele que vive em ti e fora de ti,
que age em todas as mãos,
que anda em todos os pés,
em cujo corpo, todos estais –
a este adorai! Quebrai todas as outras imagens!
Aquele que é o mais elevado e o mais rebaixado,
pecador e santo,
Deus e verme ao mesmo tempo –
a este adorai! O visível, reconhecível,
o real e onipresente.
Quebrai todas as outras imagens!

Aquele, que não tem vida passada,
nem morte ou renascimento,
no qual somos todos um
e um seremos na eternidade –
a este adorai! Quebrai todas as outras imagens!
Vós bobos! Não ver o Deus vivo,
o brilho infinito de seu ser,
do qual o mundo está repleto.
Ao invés de seguir as sombras de imaginações próprias,
o que apenas vos envolve em rixas –
glorificai a ele, o único visível!
Quebrai todas as outras imagens!

84. CHAMA DE AMOR VIVA
João da Cruz
Cristianismo

Ó chama de amor viva,
que ternamente feres
dessa minha alma o mais profundo centro!
Se já não és esquiva,
acaba já, se queres,
ah! rompe a tela deste doce encontro!

Ó cautério suave!
ó regalada chaga!
ó mão tão leve, ó toque delicado!,
que a vida eterna sabe,
a dívida selada!
Matando, a morte em vida transformada.

Ó lâmpada de fogo,
em cujos resplendores
as profundas cavernas do sentido,
que estava escuro e cego,
com estranhos primores
calor e luz dão junto ao seu Querido!

Quão manso e amoroso
despertas em meu seio,
lá onde tu secretamente moras,
nesse aspirar gostoso
de bem e glória cheio,
quão delicadamente me enamoras!

85. DEUS, SOU TEU SERVO
Mishkat al-Masabih
Islã

Deus, sou teu servo, o filho (a filha) de teu servo, de tua serva.
Estou em tua mão, e tu és aquele que me diriges.
Tua sentença é justa.
Eu te suplico, em cada nome que tens,
ou em cada nome que tomaste para ti mesmo,
ou em cada nome revelado nas sagradas escrituras
ou em cada nome ensinado a qualquer de tuas criaturas,
ou em cada nome que guardaste como um de teus mistérios,
dos quais fizeste como fonte da recitação,
que este nome sacie a sede de meu coração,
e expulse minha tristeza e preocupação.

86. A NOSSA NOITE SE ILUMINOU
Leonardo Boff
Cristianismo

Deus não responde ao porquê do sofrimento.
Ele sofre junto.
Deus não responde ao porquê da dor.
Ele se faz homem das dores.
Deus não responde ao porquê da humilhação.
Ele se humilha.
Já não estamos mais sós na nossa imensa solidão.
Ele está conosco.
Não somos mais solitários.
Mas solidários.
Emudece a argumentação da razão.
Fala a narração do coração.
Narra-se a história de um Deus que se fez criança,
que não pergunta, mas faz,
que não responde, mas vive uma resposta.
Irmão, a nossa noite se iluminou.
O menino que nasce em Belém nos revela:
tudo possui um sentido secreto
e tão profundo que Deus mesmo quis assumi-lo.
A estreiteza de nosso mundo no qual Deus entrou
tem uma saída abençoada e um desfecho feliz.

87. HÁLITO EM TODO HÁLITO
Kabir
Hinduísmo

Ó servo, onde me procuras?
Olhe! Estou ao teu lado.
Não moro em templos, nem em mesquitas.
Nem na Caaba, nem no Monte Kailash:
Nem sequer nos ritos, ou nas cerimônias,
nem no ioga ou na ascese.
Quando verdadeiramente procuras,
tu irás me perceber imediatamente,
tu irás me encontrar no mesmo instante.
Deus é o hálito em todo hálito.

88. Ó DOCE LUZ
Edith Stein
Cristianismo

Ó doce Luz,
que me envolves,
e iluminas as trevas do meu coração:
Tu me guias
como a mão de uma mãe.
Se eu me soltasse,
não poderia dar um só passo mais.

És o círculo,
que me circunda
e me encerra em si.

Separada de ti, eu cairia
no abismo do nada,
do qual me elevaste até ao ser.
Estás mais perto de mim
do que eu de mim mesma.
Mesmo assim, és inacessível
e incompreensível.
Nenhum nome pode te conter,
ó Espírito Santo, Amor eterno!

89. TU ÉS MAIS SUAVE
Rûmî

Islã

Tu és mais suave que a manhã de cada dia para as criaturas,
Tu és mais delicioso que o sono dos que, cansados, habitam a noite.
Eu te encontrei em minha alma, e me senti liberto.
Eu não falo como os desgarrados, de razões incertas.
Pois incendiaste o universo com o fogo do amor,
E o mundo se preencheu de suavidade.
A lua e o sol haurem de ti sua beleza,
A estrela polar e a constelação dos gêmeos colhem de ti seu ser.
Se a noite tornou-se cura e repouso das criaturas,
É porque teu amor forneceu a quietude da escuridão.
As criaturas são como a falena, o dia como a vela:
Tu o fizeste belo com tua própria beleza.
Para cada falena que viu tua flama,
A noite tornou-se mais refulgente que a aurora.
Ela voa em torno da flama de tua beleza
Dia e noite, sem provar temor.

90. MINHA VIDA É SIMPLES
Riokan
Budismo

Minha vida é simples,
confiada ao querer do céu.
Três porções de arroz no alforje,
um feixe de lenha na lareira.
Nenhum traço de ciência ou ignorância:
fama e riqueza não são senão poeira.
Chove esta noite em minha cabana;
estendo as pernas ao meu prazer.

91. A CADA NOITE
Jochen Klepper
Cristianismo

A cada noite que me ameaça,
sempre brilhou ainda uma estrela.
E exige, Senhor, teu mandamento
quando se aproxima teu anjo a me servir.
Em cada necessidade que me encontrei,
me enviaste tua palavra forte.
Se dúvida inquietante me tortura,
nunca retiras a verdade.
Teu grande coração sempre me inclui
mesmo tendo eu mais vezes me ou te enganado.
Tu sabias o que me abala.
Tua palavra permanece: faça-se luz.
Se grandes preocupações me angustiam,

a promessa de tua fidelidade continua.
Tu conduzes os que titubeiam
e os salvas constantemente do abismo.
Cada vez que não vi o caminho,
tua palavra o apontou. E o objetivo estava próximo.
Se meus pecados me acusaram,
tu já anunciaste o perdão.
Onde algum juiz anunciou
que ele estaria ligado ao culpado?
Em tudo o que atraí sobre mim,
tua palavra considerou sempre minha salvação.

92. HONRO A DIVINDADE
Rig-Veda X, 7,3
Hinduísmo

Eu honro a divindade como a meu pai,
a meus parentes, a meu irmão,
a honro como meu amigo para sempre.
A face da grande divindade,
eu a honro na sagrada luz do sol

93. TU ÉS O NOSSO PAI
Nicolau de Cusa
Cristianismo

Não descansa o meu coração, Senhor,
porque o teu amor o inflamou de um tal desejo
que não pode descansar senão em ti.
Comecei a rezar a oração dominical
e Tu inspiraste-me a considerar
como és o nosso pai.
O teu amar é o teu ver.
A tua paternidade é a tua visão
que a todos nos abraça paternalmente.
Por isso, dizemos Pai nosso.
És o nosso Pai universal e singular
e qualquer um diz que Tu és o nosso Pai.

94. QUÃO PRECIOSO É TEU AMOR
Salmo 36,6-10
Judaísmo

Senhor, teu amor chega até aos céus,
tua fidelidade, até as nuvens.
Tua justiça é como as mais altas montanhas,
e teus julgamentos são profundos como o oceano.
Tu, Senhor, salvas pessoas e animais.
Quão precioso é teu amor, ó Deus!
Todas as pessoas
refugiam-se à sombra de tuas asas,
saciam-se da abundância de tua casa,

e lhes dás a beber da torrente de tuas delícias.
Porque contigo está a fonte da vida,
à tua luz vemos a luz.

95. TU ÉS UM FOGO ARDENTE
Catarina de Sena
Cristianismo

Tu és um fogo ardente.
Sem destruir as coisas que te são caras,
consomes tudo o que a alma possui fora de ti.
Com a chama do teu Espírito,
queima, consome e arranca desde as raízes
todo amor-próprio e apego sensível
do coração das novas plantas,
que inseriste na hierarquia da santa Igreja.
Retira-as do mundo para o jardim do teu amor.
Encham-se de verdadeiro fervor em te amar.
Sejam zelantes da fé e das virtudes.
Após deixar os prazeres falazes
e as honrarias deste frágil mundo,
sigam unicamente a ti
com caridade muito pura e fervorosa.

96. QUERO GRITAR TEU NOME
Yunus Emré
Islã

Quero chamar-te das montanhas, em meio aos penhascos,
junto ao canto dos pássaros nos confins do mundo.
Quero gritar teu nome nas profundezas dos mares,
junto aos peixes, e nas planícies, onde correm as gazelas.
Quero gritar teu nome, como o enamorado,
que delira quando chama a mulher amada.
Quero gritar teu nome nos céus eternos,
junto a Jesus, no Sinai, próximo a Moisés,
ao lado de Jó, o infeliz, próximo a Jacó,
junto a Maomé, teu amigo.
Quero repetir teu nome quando te agradeço e glorifico,
quando repito teus santos atributos no livro da unidade.
Enfim, ébrio, com os pés e a cabeça nus,
quero gritar teu nome.
Quero gritar teu nome em todas as línguas dos homens,
com as rolas que arrulham, ao canto do rouxinol de manhã,
na invocação de quem te ama e te implora,
quero gritar teu nome: meu Deus!

97. TU MORAS EM TODOS OS SERES
Gopaladasa
Hinduísmo

Para onde quer que eu me volte,
não há sequer um lugar, onde tu não estás.
Tu moras em todos os seres,

e no entanto brilhas para além de todos eles.
Tu estás na grama, na árvore,
em tudo o que tem vida pelo hálito ou sem hálito é.
Tudo canta teu louvor: nada vive sem ti.
Que devo contrapor aos pretensos sábios,
que afirmam não haver diferença
entre ti e eles?
Como a flor de lótus que, cercada de água,
permanece como é,
assim repousas tu em todas as coisas.
Deus de todas as divindades,
só os sábios te conhecem, ninguém mais.
És a face, os olhos, mãos e palmas das mãos do universo,
tu, que tudo perpassas.
Tu és o ouvido do universo,
Tu que estás presente em todas as formas.
Tudo perpassas.
Tu és o próprio universo;
permita que eu me incline aos teus santos pés.

98. FAZE SENTIR TEU CALOR
Agostinho de Hipona
Cristianismo

Vamos, agora age, Senhor;
agita-nos, convoca-nos,
dá-nos logo tua luz, leva-nos contigo;
faze sentir teu calor e tua doçura:
depois vamos todos nos amar, e correr pelos campos.

99. COLÓQUIO
José Herculano Pires
Espiritismo

Sei que estás aqui, bem perto,
Contando, uma a uma, as pancadas do meu coração.
Quero negar-te, às vezes,
Quando não sinto a tua face
Espreitando através do silêncio.
Mas não posso.
Tua presença é múltipla e incessante
Como o tempo.
Quero negar-te, ainda,
Quando não consigo apalpar o silêncio,
Apanhar entre os dedos ou na concha da mão
As malhas do destino.
E de novo não posso.
Tua presença é como um cântico na noite.
Flui e funde.
Sei que estás aqui, contando, uma a uma,
As pancadas do meu coração.
E espero.
Sem saber se um dia
Romperás a névoa do mistério
Para mostrar-me a tua face.

100. UM DEUS PARA ADORAR
Teilhard de Chardin
Cristianismo

Se eu quisesse, Senhor,
amar unicamente um ser humano,
não me voltaria para aqueles
que me ofereces na sedução
da floração presente?
Mães, irmãos, amigos, irmãs,
não os possuímos, à nossa roda,
irresistivelmente amáveis?
O que iríamos pedir à Judeia
de dois mil anos atrás?
Não! O que eu peço,
com o grito de toda a minha vida
e de toda a minha paixão terrestre,
é algo muito diferente
de um semelhante para amar:
É um Deus para adorar.

101. A ÁGUA JORRARÁ AO TEU REDOR
Rûmî
Islã

Fazer o bem
é o que buscam os homens bons.
Um homem bom procura no mundo
apenas dores para curar.
Onde há uma dor,

aí vai o remédio.
Onde há pobreza,
aí vai a ajuda.
Não busques a água;
mostra apenas que estás sedento,
e a água jorrará ao teu redor.

102. SEGUIMENTO
Agostinho de Hipona
Cristianismo

Senhor,
torna-nos capazes de viver com amor nossa vocação,
como verdadeiros enamorados da beleza espiritual,
extasiados pelo perfume de Cristo
que exala de uma vida de conversão ao bem,
não como escravos subjugados por uma lei,
mas como homens livres guiados pela graça.

103. O UNO
Rig-Veda X, 129,1-2
Hinduísmo

Ainda não havia nem o não ser, nem o ser;
não havia o ar, nem o céu sobre ele.
Haveria algo, que estivesse escondido, e onde?
Em qual esconderijo?

Haveria água, incomensuravelmente profunda?
Não havia morte, nem imortalidade;
de dias ou de noites não havia qualquer sinal.
O Uno respirava, sem ar, por força própria.
Havia somente isto, e além disto, nada.

104. SENHOR, TU ÉS A MINHA LUZ
Cardeal Martini
Cristianismo

Suplico-te, Senhor,
ilumina a minha lâmpada, que é a oração.
Oração que custa a acender-se,
que não ilumina como eu gostaria.
Eu te peço, Senhor, de fazê-la resplandecente,
e, com maior audácia, desejaria
tornar minhas as palavras de Davi:
Tu és a minha lâmpada.
Não irei, então, preocupar-me muito
com a minha oração,
na certeza de que Tu és a minha lâmpada,
o sol da minha vida.
Concede-nos, Senhor nosso Deus,
o dom de entender o mistério da nossa oração,
o mistério da cultura da devoção,
a partir da tua luz que nos ilumina.

105. É TEMPO DE AMOR
Rûmî
Islã

É tempo de amor: o Amado é como o sangue
que escorre em minhas veias e pele.
De mim não resta mais que um nome,
todo o resto é Ele.

Tu fazes resplandecer de luz este rosto
e a tua luz ilumina o mundo.
Tu acendeste todas as estrelas no céu:
se Tu és a maior,
és também aquela que queima mais.

Qual sol pode rivalizar com o teu rosto?
Onde está o vento que desarranja os teus cabelos?
A razão, que é de nossa vida a rainha incontestada,
revela sua fraqueza ao encontrar-se contigo.

106. FOGO DE PENTECOSTES
Edith Stein
Cristianismo

Quem és tu, luz que me enches
e que iluminas
as trevas do meu coração?
Tu me guias
como a mão de uma mãe,
e se tu me largas,

não poderei mais dar um só passo.
Tu és o espaço
que envolve meu ser
e o abriga em seu seio.
Abandonado por ti
ele desapareceria
nos abismos do nada,
de onde Tu o tiraste
para levá-lo ao ser.
Tu, mais próximo de mim
do que eu de mim mesmo
e mais íntimo
que o âmago de minha alma,
e, entretanto, inatingível e inefável,
fazendo brilhar todos os nomes:
Espírito Santo – Amor eterno...
És Tu
o canto do amor
e do santo respeito
que ressoa eternamente
em redor do trono de Deus,
que nele une
o canto puro de todos os seres.
A harmonia
que une os membros à cabeça
é nela que cada um
descobre com êxtase
o sentido íntimo do seu ser
e cheio de alegria derrama-se
nas tuas ondas,
Espírito Santo – Eterna alegria...

107. DEUS TE CRIOU
Kanakadasa
Hinduísmo

Ó Espírito! Não te agites, nem te retorças,
mas exercita-te na paciência.
Deus não se fará esperar por muito tempo,
e virá depressa te proteger.
Não duvides.
Quem rega as árvores no alto das montanhas
e levanta e cuida dos brotos tenros?
Deus que te criou,
que te acolheu como sua criatura
ele não te protegeria?
Por que duvidas?
Quem coloriu o pavão em tão variadas cores?
Quem pincelou as penas verdes
no papagaio falador?
Um criador, que isto fez, iria nos esquecer?
Quem dá de comer ao sapinho,
que ganha e passa a vida debaixo duma pedra?
O poderoso Deus já se apressa,
para te proteger.

108. O NASCIMENTO INTERIOR DE DEUS
Angelus Silesius
Cristianismo

Ah, que alegria! Deus se faz homem e também já nasceu!
Onde? Em mim: Ele me escolheu como sua mãe.
Como pode acontecer? Minh'alma é Maria,
Manjedoura o meu coração, e o corpo a gruta.

A nova justiça são as faixas e panos,
José o temor de Deus, e as forças do ânimo
São anjos em alegria, e a luz é o seu clarão,
Os sensos pudicos são os pastores, que o encontram.

109. NADA ALÉM DE TI
al-Bistami
Islã

No mais secreto do coração chamo por ti
Estou abatido, Tu permaneces
Meu nome está apagado
Apagados os vestígios do meu corpo
Tu me perguntas, eu respondo
Não há nada além de ti
És Tu que me consolas
Pelo olho da imaginação
Onde me encontro, lá estás.

110. ALARGA-A
Agostinho de Hipona
Cristianismo

A casa da minha alma
é estreita demais para entrares:
alarga-a.
Ela está em ruínas: restaura-a.
Nela há coisas ofensivas a teus olhos.

Eu sei, não nego, mas quem pode purificá-la?
A quem eu poderia clamar:
"Purifica-me, Senhor, dos pecados ocultos,
e perdoa a teu servo as faltas alheias"?
Creio, e por isso digo, Senhor, Tu sabes.

111. PEDIDO POR FORÇA VITAL
Atharva-Veda XIX, 60,1-2
Hinduísmo

Dê voz à minha boca,
hálito às minhas narinas,
força de visão aos meus olhos
e audição aos meus ouvidos;
dê-me cabelos, mas ainda não grisalhos,
dentes, mas não estragados,
e força muscular aos meus braços.
Coloque forças em minhas coxas
e velocidade em minhas pernas
e resistência em meus pés.
Que todos os meus membros permaneçam sem ferimentos,
e minha alma não seja vencida!

112. FORÇA IRRESISTÍVEL E VIVA!
Teilhard de Chardin
Cristianismo

Ó Energia do meu Senhor,
Força irresistível e viva!
Porque de nós dois Vós sois, oh! infinitamente mais forte,
a Vós cabe o papel de me queimar na união
que nos deve juntos fundir.
Concedei-me portanto algo de ainda mais precioso
do que a graça pela qual vos suplicam todos os vossos fiéis.
Não basta que eu morra ao comungar.
Ensinai-me a comungar ao morrer.

113. O SENHOR FALA DE PAZ
Salmo 85,9-12
Judaísmo

Vou escutar o que diz Deus, o Senhor.
Sim, Ele fala de paz
para seu povo e para seus fiéis,
desde que não voltem à loucura.
Sua salvação está próxima daqueles que o temem,
ao habitar a glória em nossa terra.
O amor e a fidelidade se encontram,
a justiça e a paz se beijam.
A verdade germina da terra,
e a justiça se inclina do céu.

114. JÁ PERDOASTE
Huub Oosterjuis
Cristianismo

Já nos perdoaste
por sermos como somos:
pessoas com ódio e amor
em nosso coração
com uma ferida em nossos olhos
e palavras duras em nossa boca;
Tu nos procuraste
para tornar-se humano assim mesmo,
tornar-se pecado.
Até ao extremo de tua sabedoria
até a eternidade
não sabes fazer outra coisa
senão levar como humano cada humano
mais a sério que a ti mesmo.
Este humano sou eu.

115. PEDIDO POR UMA VIDA LONGA
Atharva-Veda 63,1-8
Hinduísmo

Cem outonos, queremos ver.
Cem outonos, queremos viver.
Cem outonos, queremos reconhecer.
Cem outonos, queremos subir cada vez mais alto.
Cem outonos, queremos florescer e frutificar.
Cem outonos, queremos estar na vida.
Cem outonos, queremos crescer.
Sim, até mais que cem outonos!

116. APROXIMOU-SE DE NÓS
Leonardo Boff
Cristianismo

Eis que apareceu no presépio
"a bondade e o amor humanitário de Deus, nosso Salvador".
Deus se abaixa, se faz mundo,
torna-se pessoa humana.
Ele não é somente o Deus de quem se cantava:
Grande é o nosso Deus,
sem limites o seu poder.
Agora Ele se mostrou assim como é:
pequeno é o nosso Deus,
infinito o seu amor.
Porque é infinito o seu amor,
aproximou-se de nós.

117. A BUSCAR SEMPRE O UM
Rûmî
Islã

O que fazer, se não me reconheço?
Não sou cristão, judeu ou muçulmano.

Se já não sou do Ocidente ou do Oriente,
não sou das minas, da terra ou do céu.

Não sou feito de terra, água, ar ou fogo;
não sou do Empíreo, do Ser ou da Essência.

Nem da China, da Índia ou Saxônia,
da Bulgária, do Iraque ou Khorasan.

Não sou do paraíso ou deste mundo,
não sou de Adão e Eva, nem de Hades.

O meu lugar é sempre o não lugar,
não sou do corpo, da alma, sou do Amado.

O mundo é apenas Um, venci o Dois.
Sigo a cantar e a buscar sempre o Um.

"Primeiro e último, de dentro e fora,
eu canto e reconheço aquele que É."

Ébrio de amor, não sei de céu e terra.
Não passo do mais puro libertino.

Se houver passado um dia em minha vida
sem ti, eu desse dia me arrependo.

Se pudesse passar um só instante
contigo, eu dançaria nos dois mundos.

Shamz de Tabriz, vou ébrio pelo mundo
e beijo com meus lábios de loucura.

118. AQUECE MEU CORAÇÃO COM TEU AMOR
Catarina de Sena
Cristianismo

Espírito Santo, vem ao meu coração;
por teu poder atrai-o a ti, Deus verdadeiro.
Concede-me caridade e com ela o temor.
Guarda-me de todo o mau pensamento,
aquece-me e inflama-me com teu dulcíssimo amor,
de forma que todo o peso me pareça leve.

Pai santo,
meu doce Senhor,
ajuda-me em todo o meu ministério.

Cristo amor! Cristo amor!

119. PEDIDO POR SAÚDE
Yajur-Veda III, 17
Hinduísmo

Tu és o Deus protetor dos corpos:
Proteja meu corpo!
Tu garantes longevidade:
Dá-me uma vida longa!
És o doador da força de espírito:
Dá-me um espírito forte!
Ó Deus, faça chegar ao meu corpo,
tudo aquilo que lhe falta!

120. A LUZ QUE HABITA TODAS AS COISAS
Evangelho de Tomé
Cristianismo

Eu sou a luz que está sobre todas as coisas.
Eu sou o todo: o todo saiu de mim
E o todo retorna a mim.
Rache a lenha e eu estou dentro dela,
Levante a pedra e me encontrará debaixo dela.

121. A CAMINHO
Al Gazzâli
Islã

O supremo conhecimento de Deus é meu tesouro,
o amor, meu apoio,
o desejo, meu barco,
a menção de seu nome,
fiel companheira de cada momento,
a confiança, minha joia,
a dor, meu companheiro,
a sabedoria, minha arma,
a paciência, meu manto,
a satisfação divina, minha caça,
a impotência, meu orgulho,
o caminho da renúncia, meu guia,
a certeza, meu viático,
a sinceridade, minha defesa,
assim meu olhar se refaz
na tua oração.

122. ORAÇÃO PARA PEDIR O BOM HUMOR
Tomás Morus
Cristianismo

Dá-me, Senhor, uma boa digestão
e algo também para digerir.
Dá-me a saúde do corpo
e o bom humor para conservá-la.
Dá-me, Senhor, uma alma santa

que entesoura tudo o que é bom e puro,
para que eu não me assuste com o pecado
e, ao me esbarrar com ele,
trabalhe para novamente pôr as coisas no lugar.
Dá-me, Senhor, uma alma que não conheça o tédio,
nem resmungos, suspiros e/ou queixas.
Também não permitas que me preocupe demais
com esta "coisinha" tão absorvente que se chama "eu".
Dá-me, Senhor, o senso do ridículo.
Concede-me, Senhor, a graça de compreender
uma piada e uma brincadeira,
para experimentar na existência um pouco de alegria
e saber comunicá-la aos outros. Amém.

123. GARANTA-ME DIAS FELIZES
Rig-Veda II, 21,6
Hinduísmo

Garanta-me, ó Deus, os mais elevados e melhores bens,
um espírito apurado, bem-estar que não afunde,
tesouros em abundância, saúde permanente,
a graça do dom da palavra e dias felizes.

124. TARDE TE AMEI
Agostinho de Hipona
Cristianismo

Tarde te amei,
ó tão antiga e tão nova beleza!
Tarde demais eu te amei!
Eis que habitavas dentro em mim,
e do lado de fora eu te procurava!
Disforme, eu me lançava
sobre as belas formas das tuas criaturas.
Comigo estavas,
mas não eu contigo.
Longe de ti me retinham as tuas criaturas,
elas que não existiriam
se em ti não existissem.
Tu me chamaste,
e teu grito rompeu a minha surdez.
Fulguraste e brilhaste,
e tua luz afugentou a minha cegueira.
Espargiste tua fragrância
e, respirando-a,
por ti suspirei.
Eu te saboreei,
e agora tenho fome e sede de ti.
Tu me tocaste,
e agora vivo ardendo no desejo de tua paz.

125. VOLTE PARA NÓS O OLHAR
Rûmî
Islã

Ontem à noite, te enviei como mensageira uma estrela.
Disse-lhe: "Leve minha saudação a essa beleza igual à lua".
Curvei-me ao chão e lhe disse: "Leve esta prosternação a esse sol",
A ele que, por seu brilho, transforma as pedras em ouro".
Abri meu coração, e mostrei-lhe as chagas,
E disse: "Descreva meu estado ao cruel Bem-amado".
Caminhei cá e lá, a fim de apaziguar meu coração menino:
menino que adormece ao balanço do berço.
Alimente o coração deste menino, interrompa o erro,
Ó tu, que curas, a cada instante, cem pobres iguais a mim!
O reino da união em ti, foi desde o começo a morada
do coração.
Até quando deixarás no exílio este coração errante?
Calo-me; mas para debelar esta apatia.
Ó servidor dos amantes! Dirige-nos ao olhar de teus olhos
    embriagados.

126. PORQUE TU QUERES, ENTÃO TENHO CORAGEM
Rupert Mayer
Cristianismo

Senhor, que aconteça como queres,
e como queres, assim quero ir.
Ajuda-me a entender tua vontade.
Senhor, quando quiseres, então será o tempo certo,

e quando quiseres, estarei preparado,
hoje e por toda a eternidade.
Senhor, o que Tu queres, eu acolho,
e o que Tu queres, é meu ganho
basta ser tua propriedade.
Senhor, porque Tu queres, então é bom,
e porque Tu queres, então tenho coragem,
pois meu coração descansa em tuas mãos.

127. ENCERRAMENTO DA GIRA
Cláudio Ribeiro Vieira
Umbanda

Senhor,
humildemente agradecemos por mais este momento
em que recebemos uma fagulha de sua infinita luz.
Agradecemos as entidades que aqui estiveram
e pedimos que o Senhor mantenha
sempre acesa a chama de nossa fé
e que as pessoas que aqui estiveram,
alcancem a graça de sua infinita misericórdia.
Pedimos perdão pelas nossas imperfeições advindas da carne.
E que possamos cada vez mais evoluir espiritualmente
até o dia em que nos veremos face a face com o coração puro.

128. O DESEJO DE TE AGRADAR
Thomas Merton
Cristianismo

Senhor meu Deus,
não tenho ideia de aonde estou indo.
Não vejo o caminho diante de mim.
Não posso saber com certeza onde terminará.
Na verdade, nem sequer a mim mesmo conheço.
E pelo fato de pensar que estou a seguir tua vontade,
não significa que realmente o esteja fazendo.

Mas estou convencido
de que o desejo de te agradar
realmente te agrada.
E espero ter esse desejo em todas as coisas.
Espero jamais fazer alguma coisa
sem esse desejo.
E sei que, se agir assim,
minha vontade me levará pelo caminho certo,
embora nada possa saber sobre ele.

Contudo, hei de confiar sempre em ti,
ainda que me pareça estar perdido
e envolvido na sombra da morte.
Não hei de temer,
pois tu estás sempre comigo,
e jamais hás de deixar-me sozinho
diante dos perigos.

129. DEUS SEJA LOUVADO

Yunus Emré

Islã

Bebemos o cálice que nos oferecia:
Deus seja louvado!
Atravessamos o mar de seu poder:
Deus seja louvado!

As montanhas, carvalhos, jardins,
Estavam em nossa frente
Além, fomos exaltando-o:
Deus seja louvado!

Secos estávamos, fluidos somos
Depois, iniciamos nosso voo
Dos pássaros que partiam junto, asa com asa:
Deus seja louvado!

Lá onde chegamos, no secreto dos corações alegres
A todos oferecemos o amor de Taptuk.
Que Deus seja louvado!

Vem cá e façamos a paz, tu, o estrangeiro, vamos junto,
Nossos cavalos já estão selados. A galope!
Que Deus seja louvado!

Nossos quartéis de inverno se instalaram bem além de
Anatólia.
Fizemos o bem, o mal, o inverno morreu.
Deus seja louvado!

Tornamo-nos a fonte,
Nossa fonte tornou-se rio,
Ao mar somos lançados para nos afogar.
Deus seja louvado!

No próprio limiar de Taptuk nos tornamos escravos,
Estávamos crus, estamos cozidos.
Pobre Yunus, *Deus seja louvado*!

130. LOUVORES A DEUS
Francisco de Assis
Cristianismo

Vós sois o santo Senhor e Deus único
que operais maravilhas.
Vós sois o Forte.
Vós sois o Grande.
Vós sois o Altíssimo.
Vós sois o Rei onipotente, santo Pai,
Rei do céu e da terra.
Vós sois o Trino e Uno, Senhor e Deus, Bem universal.
Vós sois o Bem, o Bem universal, o sumo Bem,
Senhor e Deus, vivo e verdadeiro.
Vós sois a delícia do amor.
Vós sois a Sabedoria.
Vós sois a Humildade.
Vós sois a Paciência.
Vós sois a Segurança.
Vós sois o Descanso.
Vós sois a Alegria e o Júbilo.
Vós sois a Justiça e a Temperança.
Vós sois a plenitude da Riqueza.
Vós sois a Beleza.
Vós sois a Mansidão.

Vós sois o Protetor.
Vós sois o Guarda e o Defensor.
Vós sois a Fortaleza.
Vós sois o Alívio.
Vós sois nossa Esperança.
Vós sois nossa Fé.
Vós sois nossa inefável Doçura.
Vós sois nossa eterna Vida,
ó grande e maravilhoso Deus,
Senhor onipotente, misericordioso Redentor.

131. POSSAMOS NOS ALEGRAR PELA DURAÇÃO DE NOSSA VIDA
Rig-Veda 1,89,8
Hinduísmo

Deuses, que nossos ouvidos se abram para o bom,
e, vós santos, possam nossos olhos ver o bem!
E que nós, com membros fortes e com nossos corpos,
apresentando cânticos de louvor,
possamos nos alegrar pela duração de nossa vida,
que vós determinastes!

132. QUÃO ADMIRÁVEL É O TEU OLHAR
Nicolau de Cusa
Cristianismo

Oh! quão admirável é o teu olhar,
que é *theos* para todos aqueles
que o perscrutam!
Quão belo e digno de ser amado
por todos os que te amam!
Quão terrível é para todos
os que te abandonam,
a ti, Senhor, meu Deus.
Pois com o teu olhar
vivificas, Senhor,
todo o espírito,
alegras todos os bem-aventurados
e afastas toda a tristeza.
Olha, por isso, para mim
misericordiosamente,
e a minha alma será salva.

133. ELE VIVE JUNTO A VÓS
Rûmî
Islã

Ó peregrinos!
Para onde caminhais?
O Amado permanece onde sempre esteve,
voltai depressa.
Ele vive junto a vós.

Qual ideia vos induziu a vagar pelo Deserto da Arábia?
Sois a Casa, o Dono, a Caaba!
Vinde,
o tesouro está aqui.
Mais ai!
Sois o véu do tesouro que buscais!

134. BENDITA MATÉRIA
Teilhard de Chardin
Cristianismo

Bendita sejas tu, áspera matéria,
gleba estéril, duro rochedo,
tu que não cedes a não ser pela violência,
e nos forças a trabalhar, se quisermos comer.

Bendita sejas tu, perigosa matéria,
mar violento, paixão indomável,
tu que nos devoras,
caso não te acorrentemos.

Bendita sejas tu, poderosa matéria,
Evolução irresistível,
Realidade sempre nascente,
tu que a cada momento fazes explodir
as nossas molduras,
obrigando-nos a perseguir sempre mais longe
a verdade.

Bendita sejas tu, matéria universal,
Duração sem limites,
Éter sem margens
– Tríplice abismo das estrelas,

dos átomos e das gerações –,
tu que transbordas e dissolves nossas
estreitas medidas,
revelando-nos as dimensões de Deus.

Bendita sejas tu, matéria impenetrável,
tu que, estendida em todo lugar
entre nossas almas e o mundo das essências,
nos deixas lânguidos com o desejo
de penetrar o véu sem costura dos fenômenos.

135. TOMA MINHA VIDA
Swami Rama Tirtha
Hinduísmo

Toma minha vida,
para que eu me consagre a ti, Senhor.
Toma meu coração,
e preenche-o de ti, amor.
Toma meus olhos
e deixa-os ser embriagados por ti, Deus.
Toma minhas mãos
e deixa-as transpirar por ti, verdade.
Meu coração consagrou-se por exercícios espirituais.
A bengala na mão,
o papel para anotações debaixo do braço –
assim dou ordens a meio mundo.
Vivo de cascas de pão, jogadas como esmolas,
mas ando pelo país como um homem rico.
Ó Rama, a alegria da companhia de Deus
ultrapassa todas as alegrias de uma vida de realeza.

136. DESESPERO

Martim Lutero
Cristianismo

Meu querido Jesus Cristo,
Tu disseste:
Pedi, e dar-se-vos-á;
buscai, e achareis;
batei, e abrir-se-vos-á.
Por causa dessa promessa, Senhor,
concede a mim,
que não peço ouro nem prata,
uma fé forte e inabalável.
Deixa-me encontrar
aquilo que procuro.
Não busco prazer nem alegria
do mundo,
mas consolo e alívio,
por intermédio de tua salutar palavra.
Abre-me, estou batendo;
não desejo o que o mundo
considera alto e grande.
Nada disso me adianta
diante de ti.
Concede-me, muito antes,
teu Espírito Santo.
Que Ele ilumine meu coração,
fortaleça-me no medo
e na necessidade,
me console e me preserve
na verdadeira fé
e confiança em tua graça
até o fim.

137. O BOM PASTOR
Salmo 23
Judaísmo

O Senhor é meu pastor: nada me falta.
Em verdes pastagens me faz repousar,
conduz-me até as fontes tranquilas
e reanima minha vida,
guia-me pelas sendas da justiça
para a honra de seu nome.
Ainda que eu ande por um vale de espessas trevas,
não temo mal algum, porque Tu estás comigo;
teu bastão e teu cajado me confortam.
Diante de mim preparas a mesa,
bem à vista dos meus inimigos;
Tu me unges com óleo a cabeça,
minha taça transborda.
Bondade e amor certamente me acompanharão
todos os dias de minha vida;
e habitarei na casa do Senhor,
por longos dias.

138. FAZEI BRILHAR O VOSSO ROSTO
Teilhard de Chardin
Cristianismo

Meu Deus,
fazei brilhar para mim, na vida do outro,
o vosso rosto.
Essa luz irresistível do vosso olhar,
acesa no fundo das coisas,
já me lançou em toda a obra a empreender

e em todo o trabalho a sofrer.
Concedei-me o favor de vos ver,
mesmo e sobretudo,
no mais íntimo, no mais perfeito,
no mais remoto da alma dos meus irmãos.

139. TEM PIEDADE DESTE EMIGRANTE
Dhû'l-Nûn
Islã

Ó Deus,
jamais escuto o grito das alimálias
nem o murmúrio das árvores,
nem o barulho das águas,
nem o canto dos pássaros,
nem o acalento das sombras,
nem o fragor do vento,
nem o retumbar dos tronos,
sem perceber neles
o testemunho de tua unidade.
Nada no mundo
pode igualar-se a ti.
Tu dominas tudo
e nada te domina;
sabes tudo
e nada ignoras.
És clemente
e a nada turvas com censuras;
és justo
e não cometes injustiça alguma;
és verdadeiro
e jamais te equivocas...

140. QUEBRA OS MEUS BLOQUEIOS
Cardeal Martini
Cristianismo

Senhor, provoca-me!
Passa no meio de nós, onde quer que estejamos,
seja entre a multidão,
seja na solidão da prece recolhida,
seja na dureza da realidade cotidiana!
Faze com que não haja diferença entre uma e outra,
que não reneguemos na rotina diária
aquele que desejamos conhecer sobre o monte.
Faze com que haja unidade
nos diversos momentos de nossa existência!
Senhor, através da contemplação da tua face
que, despertado do sono e ressuscitado da morte,
me infundes confiança,
desfaze, eu te suplico, os meus temores,
os meus medos, as minhas indecisões,
os meus bloqueios nas escolhas decisivas,
nas amizades,
no perdão,
nas relações com os outros,
nos atos de coragem
para manifestar a minha fé.
Dissolve os meus bloqueios, Senhor!

141. CANTAR O NOME DO SENHOR
Caitanya
Hinduísmo

Cantar o nome do Senhor, só pode aquele
que for mais humilde que um broto de capim,
mais paciente que uma árvore e
sem vaidade honra o outro.
Ó Senhor do mundo, não desejo riquezas
nem vida social ou belas mulheres,
nem sequer poesias desejo.
Dá-me somente, meu Senhor, em cada nova vida
amor desinteressado por ti.
Ó Deus! Em tua graça me considero
como um graveto aos teus pés de lótus,
a mim, teu servo, ameaçado de afundar
no mar do eterno retorno.
Quando canto teu nome,
brotam lágrimas de alegria de meus olhos
eu quase me afogo em minhas palavras
e meu corpo treme de arrepios.
Separado de meu Senhor,
cada momento parece uma eternidade,
meus olhos transbordam de lágrimas como uma nuvem
e o mundo inteiro está vazio.
Se ele abraça a mim, seu servo,
ou se me rejeita, pisando-me sob seus pés,
pode o malvado do amado, fazer o que ele quiser.
Entreguei-me a ele para sempre e em eterno.

142. QUERO AMAR COMO TU
Charles de Foucauld
Cristianismo

Meu Senhor Jesus,
quero amar todos aqueles que Tu amas.
Contigo quero amar a vontade do Pai.

Quero que nada separe meu coração do teu,
que no meu coração nada haja
que não esteja imerso no teu.
Tudo o que queres, eu o quero.
Tudo o que desejas, eu o desejo.

Meu Deus,
dou-te o meu coração,
junto com o teu oferece-o a teu Pai,
como algo que é teu
e que te é possível oferecer,
porque ele te pertence.

143. TODOS SOBRE A TERRA PASSARÃO
Corão 55,26-27
Islã

Todos os que estão sobre a terra passarão:
só permanecerá o rosto, majestoso e munificente,
de teu Senhor,
o poderoso, o sábio.

144. OBRIGADO!
Francisco de Sales
Cristianismo

Excesso de amor,
oceano de bondade,
fonte inesgotável,
eu te adoro dentro de mim.
Ó meu divino Salvador,
quanto te sou agradecido,
por teres vindo numa criatura
tão pobre!
É muito pouco o meu coração para te amar,
é muito pequena a minha língua para anunciar
a todos a tua bondade, ó Jesus!

145. REFÚGIO PARA TEUS PÉS
Ramanuja
Hinduísmo

Abri mão de
todos os deveres e todos os desejos,
mesmo o de salvação,
para encontrar refúgio a teus pés, ó Senhor,
que com passos largos medes o universo.
Tu és minha mãe, és meu pai,
meu parente e meu professor.
Tu és meu saber e minha riqueza.
Deus dos deuses, Tu és tudo para mim.
Senhor, permita-me servir-te.

Pois o meu amor, que desperta em mim
a experiência de tua grandeza, suspira por isto.
Nada diferente posso desejar.

146. LÁGRIMAS DO PRÓDIGO
Agostinho de Hipona
Cristianismo

Quem me dera repousar em Vós!
Quem me dera que viésseis ao meu coração
e o inebriásseis com a vossa presença,
para me esquecer de meus males
e me abraçar convosco,
meu único bem!
Que sois para mim?
Compadecei-vos,
para que possa falar!
Que sou eu aos vossos olhos
para que me ordeneis que vos ame,
irando-vos comigo e ameaçando-me
com tremendos castigos, se não o fizer?
É acaso pequeno castigo não vos amar?
Ai de mim!
Pelas vossas misericórdias,
dizei, Senhor meu,
o que sois para comigo?
Dizei à minha alma:
"Sou a tua salvação".
Falai assim para que eu ouça.

147. AS CRIATURAS PROCLAMAM A GLÓRIA DE DEUS
Dhû'l-Nûn
Islã

Ó meu Deus,
não pude jamais compreender o grito de um animal,
nem o rumor das folhagens das árvores,
nem o murmúrio da água,
nem o suave canto dos pássaros,
nem perceber o doce convite da sombra,
ou o sibilo do vento,
ou o fragor do trovão,
sem constatar que eles testemunham tua unicidade,
que nada no mundo se iguala a ti,
que Tu dominas e não és dominado,
que Tu sabes tudo e nada ignoras,
que Tu és misericordioso e não oprimes
com tuas admoestações,
que Tu és justo e não cometes injustiça,
que Tu és verdadeiro e não mentes jamais.

148. QUEM TE OLHAR COM ALEGRIA
Nicolau de Cusa
Cristianismo

O teu olhar, Senhor,
é a tua face.
Por isso, quem te olha
com face amorosa
não encontrará senão

a tua face a olhá-lo
amorosamente.
E com quanto mais amor
se esforçar por te olhar,
tanto mais amor
descobrirá na tua face.
Quem te olhar com ira
descobrirá igual expressão
na tua face.
Quem te olhar com alegria
descobrirá a tua face
também alegre
como o é a daquele
que te olha.

149. AO DEUS DE NOSSOS PAIS
Oração judaica
Judaísmo

A ti nos confiamos,
Tu que és nosso Deus e Deus de nossos pais,
pela nossa vida confiada às tuas santas mãos,
pela alma que está em nós e em nós conservas,
pelos prodígios que cada dia, cada noite, a cada despertar,
maravilhosamente operas no mundo.
Deus santo, cuja piedade é infinita,
cuja clemência sempre se renova,
em ti sempre esperamos e tu jamais nos desiludiste,
jamais nos abandonaste nem te isolaste de nós.

150. NÃO DEMORES
Marco Lucchesi
Cristianismo

Não demores!
Quero a tua presença e a tua figura!
Imaginar o teu rosto emergente nas periferias.
Tuas chagas abertas.
Teus filhos dessangrados.
Tua cruz, a terra.
Uma legião de miseráveis e aflitos,
diante de cujo rosto hei de perceber o teu rosto.
E então será o fim da teologia e das ciências,
do tempo e da eternidade,
do significante e do significado:
Eras tu, Senhor?
E a vida por um fio.

151. POEMA DOS DOIS AMORES
Râbi'a
Islã

Amo-te com dois amores:
Um amor apaixonado
E um amor digno de ti.
O amor apaixonado
É não pensar senão em ti,
Com exclusão de qualquer outro,
Mas o amor de que só Tu és digno
É que Tu te desvendes a mim

E que eu te veja.
Nenhum louvor para mim,
Tanto num como noutro;
Mas a ti todo o louvor,
Tanto num como noutro.

152. SABOREAR A TUA PRÓPRIA DOÇURA
Nicolau de Cusa
Cristianismo

Quão grande é a profusão da tua doçura,
que manténs oculta àqueles que te temem.
Com efeito, ela é o tesouro inexplicável
da mais feliz alegria.
Por isso, saborear a tua própria doçura
é apreender num contato experimental
a suavidade de todos os bens
agradáveis na sua origem,
é atingir a razão de todos os bens
desejáveis na tua sabedoria.
Ver, pois, a razão absoluta,
que é a razão de todas as coisas,
não é senão saborear-te mentalmente
a ti, Deus, porque és a própria
suavidade do ser, da vida e do intelecto.

153. O SER HUMANO À PROCURA DE DEUS
Salmo 63,2-9
Judaísmo

Ó Deus, Tu és meu Deus; a ti procuro,
minha alma tem sede de ti;
todo o meu ser anseia por ti
como a terra ressequida, esgotada, sem água.
Assim estava eu quando te contemplei no santuário,
vendo teu poder e tua glória.
Pois teu amor vale mais que a vida,
meus lábios te louvarão.
Assim, eu te bendirei durante a minha vida,
ao teu nome erguerei as mãos.
Eu me sacio como de gordura e manteiga,
com lábios jubilosos minha boca entoa louvores,
quando em meu leito me recordo de ti,
em ti medito durante as horas da vigília.
Pois foste o meu socorro,
e à sombra de tuas asas canto de alegria.
Tenho a alma apegada a ti,
tua mão direita me sustenta.

154. É UM BEM VOS SEGUIR
Blaise Pascal
Cristianismo

Fazei, meu Deus,
que numa atitude de espírito sempre igual
eu receba todo e qualquer acontecimento,

já que não sabemos o que devemos pedir,
e que não posso desejar
um em lugar de outro sem presunção,
e sem me tornar juiz
e responsável pelas consequências
que vossa sabedoria quis com justiça me conceder.
Senhor,
sei que só sei uma coisa:
que é um bem vos seguir,
e que é um mal vos ofender.
Além disso não sei o que é pior
ou melhor em todas as coisas.
Não sei o que me é aproveitável,
se a saúde ou a enfermidade,
se as riquezas ou a pobreza,
e assim em relação a todas as outras coisas do mundo.
É um discernimento
que supera a força dos homens e dos anjos,
e que está oculto nos segredos de vossa providência
que adoro e nem quero aprofundar.

155. EIS-ME A TI
Al-Hallaj
Islã

Eis-me a ti! Eis-me a ti!
Ó meu segredo, meu confidente!
Eis-me a ti! Eis-me a ti!
Ó meu escopo e meu sentido!

Eu te chamo, mas és Tu em realidade
que me chamas a mim.
Não gritaria a ti,
se não me houvesses confiado a mim!
Ó essência essencial do meu existir,
limite extremo de todo meu anélito.
Ó minha linguagem,
meu modo de exprimir-me e balbucios!
Ó todo de meu todo, meu ouvido e minha vista!
Ó síntese minha, meu conjunto, ou parte minha!
Ó todo de meu todo, este todo é coisa ambígua,
e o meu conceito torna obscuro o todo de teu todo.
Ó Tu, em que meu espírito é suspenso, arrebatado e agonizante,
e que te tornaste o penhor dos meus desejos.
Obediente, deixei a minha pátria, e choro triste,
até meus inimigos partilham o meu luto.
Possa eu avizinhar-me, que o temor se distancia,
explodindo em mim uma paixão enraizada nas vísceras.
Ó Senhor! O que posso fazer com o Amado?
Todos os médicos estão cansados do meu mal.

156. CÂNTICO DAS CRIATURAS
Francisco de Assis
Cristianismo

Altíssimo, onipotente, bom Senhor,
teus são o louvor, a glória, a honra e toda bênção.
Só a ti, Altíssimo, são devidos;

e homem algum é digno de te mencionar.
Louvado sejas, meu Senhor,
com todas as tuas criaturas,
especialmente o senhor irmão sol
que clareia o dia e com sua luz nos alumia.
Ele é belo e radiante com grande esplendor:
de ti, Altíssimo, é a imagem.
Louvado sejas, meu Senhor,
pela irmã luz e as estrelas,
que no céu formaste claras e preciosas e belas.
Louvado sejas, meu Senhor,
pelo irmão vento, pelo ar,
ou nublado ou sereno, e todo o tempo,
pelo qual às tuas criaturas dás sustento.
Louvado sejas, meu Senhor,
pela irmã água,
que é mui útil e humilde e preciosa e casta.
Louvado sejas, meu Senhor,
pelo irmão fogo,
pelo qual iluminas a noite.
E ele é belo e jucundo e vigoroso e forte.
Louvado sejas, meu Senhor,
por nossa irmã a mãe terra,
que nos sustenta e governa,
e produz frutos diversos e coloridas flores e ervas.
Louvado sejas, meu Senhor,
pelos que perdoam por teu amor,
e suportam enfermidades e tribulações.
Bem-aventurados os que as sustentam em paz,
que por ti, Altíssimo, serão coroados.
Louvado sejas, meu Senhor,

por nossa irmã a morte corporal,
da qual homem algum pode escapar.
Ai dos que morrerem em pecado mortal!
Felizes os que ela achar
conformes à tua santíssima vontade,
porque a morte segunda não lhes fará mal!
Louvai e bendizei a meu Senhor,
e dai-lhe graças,
e servi-o com grande humildade.

157. LINGUAGEM DE PÁSSAROS
Attar
Islã

Conheço bem o meu rei,
mas, sozinha, não posso planejar encontrá-lo.
Abandonai vossa timidez, vossa presunção
e vossa descrença,
pois quem converte em luz a própria vida
está liberto de si mesmo;
está liberto do bem e do mal
no caminho do amado.
Sede generosos com a vida.
Ponde os pés na terra
e parti, alegres, para a corte do rei.
Temos um rei de verdade,
que vive atrás das montanhas chamadas Kaf.
Chama-se Simurgh
e é o rei dos pássaros.

Está perto de nós,
mas nós estamos longe dele.
O sítio que habita é inacessível,
e nenhuma língua consegue pronunciar-lhe o nome.
Diante dele pendem cem mil véus de luz e treva,
e nos dois mundos ninguém tem o poder
de disputar-lhe o reino. [...]
Não se manifesta abertamente
nem mesmo no local da sua habitação,
e a esta nenhum conhecimento
e nenhuma inteligência podem chegar.
O caminho é desconhecido,
e ninguém possui constância para procurá-lo,
embora milhares de criaturas
passem a vida anelando por isso.
Nem mesmo a alma mais pura
é capaz de descrevê-lo,
nem pode a razão compreendê-lo:
esses dois olhos estão cegos.
Não é dado ao sábio
descobrir-lhe a perfeição
nem ao homem de entendimento
perceber-lhe a beleza. [...]
Não imagineis que o percurso seja curto;
e cumpre ter um coração de leão
para percorrer essa estrada insólita,
pois ela é muito longa e o mar é fundo. [...]
Quanto a mim,
sentir-me-ei feliz se descobrir,
pelo menos, um vestígio dele.

158. A COMUNHÃO CÓSMICA
Dostoiévski
Cristianismo

Um mistério,
o que é isto?
Tudo é mistério, meu amigo,
o mistério de Deus se acha
em toda parte.
Em cada árvore,
em cada fiozinho de grama
encerra-se este mistério.
Um passarinho que canta,
as estrelas a brilhar
em noite de céu limpo,
tudo isto é mistério,
o mesmo mistério!
Mas o maior de todos os mistérios
é o que espera a alma do homem
no outro mundo.

159. CREIO NO SOL
Judaísmo

Creio no Sol, mesmo quando não brilha.
Creio no amor, mesmo quando não o sinto.
Creio em Deus, mesmo quando se cala.

160. QUE EU CHEGUE A TI

Tomás de Aquino
Cristianismo

Que eu chegue a ti, Senhor,
por um caminho seguro e reto,
caminho que não se desvie entre prosperidades ou
adversidades,
de tal forma que eu te dê graças nas horas prósperas
e nas adversas conserve a paciência,
não me deixando exaltar pelas primeiras,
nem abater-me pelas outras.

Que nada me alegre ou entristeça,
exceto o que me conduza a ti ou de ti me separe.
Que eu não deseje agradar ou não receie desagradar
a ninguém senão a ti.
Tudo o que passa torne-se desprezível a meus olhos
por tua causa, Senhor,
e que tudo que te diz respeito me seja caro,
mas Tu, meu Deus, mais do que o resto.

Qualquer alegria sem ti seja-me fastidiosa
e nada eu deseje fora de ti.
Qualquer trabalho, Senhor, feito por ti seja-me agradável,
e insuportável aquele em que estiveres ausente.
Concede-me a graça de erguer continuamente o coração a ti,
e quando eu cair, reconhecer meu erro.

Torna-me, Senhor meu Deus,
obediente, pobre e casto,
paciente sem reclamação,
humilde sem fingimento

alegre sem dissipação,
triste sem abatimento,
reservado sem rigidez
ativo sem leviandade,
animado pelo temor sem desânimo,
sincero sem duplicidade,
fazendo o bem sem presunção,
corrigindo o próximo sem altivez,
edificando-o com palavras e exemplos, sem falsidade.

Dá-me, Senhor meu Deus,
um coração vigilante
que nenhum pensamento curioso arraste para longe de ti;
coração nobre que nenhuma afeição indigna debilite;
coração reto que nenhuma intenção equívoca desvie;
coração firme que nenhuma adversidade abale;
coração livre que nenhuma paixão subjugue.

Concede-me,
Senhor meu Deus,
uma inteligência que te conheça,
uma angústia que te procure,
uma sabedoria que te encontre,
uma vida que te agrade,
uma perseverança que te espere com confiança
e uma confiança que te possua,
enfim!

161. SOU DO AMADO
Rûmî
Islã

O que fazer, se não me reconheço?
Não sou cristão, judeu ou muçulmano.

Já não sou do Ocidente ou do Oriente,
não sou das minas, da terra ou do céu.

Não sou feito de terra, água, ar ou fogo;
não sou do Empíreo, do Ser ou da Essência. [...]

O meu lugar é sempre o não lugar,
não sou do corpo, da alma, sou do Amado.

O mundo é apenas Um, venci o Dois.
Sigo a cantar e a buscar sempre o Um.

"Primeiro e último, de dentro e fora,
eu canto e reconheço aquele que É."

Ébrio de amor, não sei de céu e terra.
Não passo do mais puro libertino.

Se houver passado um dia em minha vida
sem ti, eu desse dia me arrependo.

Se pudesse passar um só instante
contigo, eu dançaria nos dois mundos. [...]

162. OBRIGADO!
Lais Campos Moser
Cristianismo

Obrigado, Senhor,
por este dia abençoado que nos deste.
Obrigado, Senhor,
pela linda natureza que criaste.
Obrigado, Senhor,
por esta bela vida que ganhamos.
Obrigado, Senhor,
pelo amor que tu tens por nós.
Pedimos-te, Senhor,
que haja mais comida em nossas mesas.
Pedimos-te, Senhor,
pela saúde de cada dia.
Pedimos-te, Senhor,
perdoa nossas falhas cometidas.
Pedimos-te, Senhor,
faze que a cada dia sejamos melhores.
Obrigado, Senhor.
Amém.

163. OUVE, ISRAEL (*SHEMÁ*)
Deuteronômio 6,4-9 e Números 15,37-41
Judaísmo

Ouve, Israel!
O Senhor nosso Deus é o único Senhor.
Amarás o Senhor teu Deus com todo o coração,

com toda a alma, com todas as forças.
E trarás no teu coração todas estas palavras que hoje te ordeno.
Tu as repetirás muitas vezes a teus filhos
e delas falarás quando estiveres sentado em casa
ou andando pelos caminhos;
quando te deitares ou te levantares.
Hás de prendê-las à tua mão para servirem de sinal;
tu as colocarás como faixa entre os olhos,
e as escreverás nos umbrais de tua casa
e nos portões de tua cidade.
O Senhor disse a Moisés:
"Fala aos israelitas e dize-lhes
que, por todas as gerações, façam franjas nas bordas das vestes,
e nas franjas da borda atem um cordão de púrpura violeta.
O cordão fará parte da franja para que, vendo-o,
vos lembreis de todos os mandamentos do Senhor e os
cumprais,
e não corrais atrás dos desejos
de vosso coração e dos vossos olhos,
que vos levam à infidelidade.
Assim, lembrando-vos dos meus mandamentos
e pondo-os em prática,
sereis consagrados para o vosso Deus.
Eu sou o Senhor vosso Deus,
que vos libertou do Egito para ser o vosso Deus.
Eu sou o Senhor vosso Deus".

164. ÉS AMADO E LOUVADO
Thomas Merton
Cristianismo

Tu, meu Senhor,
És amado e louvado.
De fato, as árvores te amam
Sem te conhecer.
Os lírios raiados
E as escovinhas lá estão proclamando
Que te amam sem perceber tua presença.
As belas nuvens escuras
Atravessam vagarosamente o céu
Pensando em ti,
Como crianças que não sabem
Com que sonham,
Enquanto brincam.
Em meio a tudo isso,
Eu te conheço
E conheço a tua presença.

165. DEUS SE ANTECIPA AO HOMEM
al-Bistami
Islã

Ao iniciar minha caminhada cometi quatro erros:
    acreditei que era eu quem o recordava,
    o conhecia,
    o amava e o procurava.
Quando cheguei ao fim da jornada, vi que
    sua lembrança precedera a minha,
    seu conhecimento precedera o meu,

seu amor chegara antes do meu,
e Ele me havia procurado antes,
para que eu o procurasse.

166. DÁ-NOS PAZ
Dag Hammarskjöld
Cristianismo

Santificado seja o teu nome,
não o meu.
Venha o teu reino,
não o meu.
Seja feita a tua vontade,
não a minha.

Dá-nos paz contigo,
paz com os homens,
paz conosco,
e livra-nos do medo.

167. DÁ-ME O CORAÇÃO DE UM SERVO DESPRENDIDO
Eknath
Hinduísmo

Ó Deus, possa meu coração permanecer agarrado a teus pés.
Que ele não caia no pecado.
Quero pronunciar teu nome sempre e em todos os lugares
e cultivar a comunhão com os santos.

E, ó Deus, preserve-me de fantasias do orgulho.
Meus pés possam estar sempre peregrinando aos lugares sagrados
e meus lábios pronunciando o nome divino.
Ajuda-me a permanecer em meus propósitos.
Fora isto, não tenho qualquer desejo.
Concede a mim, o pedinte diante de Deus
o coração de um servo desprendido.

168. ELE ESCUTOU O SOLUÇO DOS FRACOS
Leonardo Boff
Cristianismo

Deus é Deus dos que morrem antes do tempo.
Deus dos que não conseguem crer
porque, talvez, a vida lhes tenha sido dura demais
e indigna do próprio Deus.
Deus é Deus dos fracos
que gritam como os hebreus no Egito,
como as mães dos inocentes de Belém,
mortos por Herodes,
como as amigas de Jesus, Marta e Maria,
que choram porque perderam o irmão Lázaro.
Deus é Deus dos que fracassam
como Jesus na cruz.
Ele escutou o soluço de todos eles.
Por isso os hebreus ganharam a sua terra.
Lázaro foi devolvido à vida.
Jesus foi ressuscitado.

169. PRECE DOS AFLITOS

Emmanuel – Psicografia de Chico Xavier
Espiritismo

Senhor Deus, Pai dos que choram,
Dos tristes, dos oprimidos.
Fortaleza dos vencidos,
Consolo de toda a dor,
Embora a miséria amarga,
Dos prantos de nosso erro,
Deste mundo de desterro,
Clamamos por vosso amor!

Nas aflições do caminho,
Na noite mais tormentosa,
Vossa fonte generosa
É o bem que não secará...
Sois, em tudo, a luz eterna
Da alegria e da bonança
Nossa porta de esperança
Que nunca se fechará.

Quando tudo nos despreza
No mundo da iniquidade,
Quando vem a tempestade
Sobre as flores da ilusão,
Ó Pai! sois a luz divina,
O cântico da certeza,
Vencendo toda aspereza,
Vencendo toda aflição.

No dia de nossa morte,
No abandono ou no tormento,

Trazei-nos o esquecimento
Da sombra, da dor, do mal!...
Que nos últimos instantes
Sintamos a luz da vida
Renovada e redimida
Na paz ditosa e imortal.

170. TU NOS AMAS POR PRIMEIRO
Søren Kierkegaard
Cristianismo

Ó Deus que nos amaste por primeiro,
falamos de ti
como de um simples episódio histórico,
como se, uma única vez,
nos tivesses amado por primeiro.
Assim o fazes, sempre.
Tu nos amas por primeiro
todas as vezes, durante toda a vida.
Quando nos despertamos, de manhã,
e voltamos para ti o nosso pensamento,
és sempre o primeiro, já nos amaste por primeiro.
Se me levanto, de madrugada,
e dirijo a ti, neste preciso instante,
o meu espírito,
já me precedeste,
já me amaste por primeiro.
Quando me afasto das distrações
e me recolho para pensar em ti,

já foste o primeiro.
Assim é sempre.
E nós, mal-agradecidos, falamos como se,
apenas uma vez,
nos tivesses amado por primeiro.

171. UM SERVIÇO A TI
Sankara
Hinduísmo

Ó mãe, permita que tudo o que sair de minha boca,
    seja uma oração para ti.
Faze com que todas as ações de minhas mãos
sejam gestos místicos de tua celebração.
Todos os meus movimentos sejam respeitosos em torno de ti.
Comer ou beber sejam oferendas de comidas ou de bebidas
    para ti.
Quando eu me deitar no silêncio,
que possa ser uma prostração a teus pés.
O que me alegra,
que possa ser uma alegria de entrega a ti.
Independente do que eu faça,
que seja um serviço a ti.

172. DÁ-ME LUZ
Tichon di Zadonsk
Cristianismo

Ó amor puro, sincero e perfeito!
Ó luz substancial!
Dá-me luz para que nela
eu reconheça a tua luz.
Dá-me tua luz para que eu veja teu amor.
Dá-me tua luz para que eu veja
tuas entranhas de Pai.

Dá-me um coração para te amar,
dá-me olhos para te ver,
dá-me ouvidos para ouvir tua voz,
dá-me lábios para falar de ti,
o gosto para te saborear.
Dá-me o olfato para sentir teu perfume,
dá-me mãos para tocar-te
e pés para te seguir.

Na terra e no céu
nada desejo senão a ti, meu Deus!
Tu és meu único desejo,
a minha consolação,
o fim de toda a angústia e sofrimento.

173. FLOR DAS ÁGUAS
Mestre Irineu
Santo Daime

Flor das águas
d'aonde vens, para onde vais
Vou fazer minha limpeza
No coração está meu Pai

A morada do meu Pai
É no coração do mundo
Aonde existe todo amor
E tem um segredo profundo

Este segredo profundo
Está em toda humanidade
Se todos se conhecerem
Aqui dentro da verdade

174. ORAÇÃO DA NOITE
Dietrich Bonhoeffer
Cristianismo

Senhor, meu Deus, eu te dou graças
porque te aprouve dar fim a este dia.
Eu te agradeço por permitir
que corpo e alma cheguem ao descanso.
Tua mão esteve comigo
e me protegeu e preservou.
Perdoa a pouca fé
e toda a injustiça deste dia

e ajuda que eu consiga perdoar a todos
que me fizeram injustiça.
Permite que durma em paz debaixo de tua proteção.
Defende-me contra as tentações das trevas.
Encomendo a teus cuidados os meus queridos
e coloco meu corpo e alma em tuas mãos.
Teu santo nome, ó Deus, seja louvado.
Amém.

175. EM BUSCA DO AMADO
Rûmî
Islã

Eu era no tempo em que os nomes ainda não eram
e nenhum sinal da existência havia sido dotado de nome.
Por mim, nomes e nomeados passaram a ser vistos,
no tempo em que não existiam nem "eu" nem "nós".

Por um sinal, um cacho de cabelo do amado
tornou-se o centro da revelação;
contudo, a ponta do cacho ainda não existia.

De um extremo ao outro, entre os cristãos procurei.
Ele não estava na cruz.

Fui ao templo dos ídolos, ao pagode antigo.
Nenhum sinal naquele lugar.

Subi as montanhas de Herat e Qandahar,
olhei ao redor, percorri vales e colinas.
Não o encontrei.

Com firme propósito, alcancei o cume de Kaf.
Lá apenas se via a morada de Anqa.

Virei as rédeas da busca para a Caaba.
Ele não estava naquele refúgio de jovens e velhos.

Inquiri Avicena por seu paradeiro.
Não se encontrava entre seus seguidores.

Dirigi-me ao país onde as distâncias se medem
pelo cumprir de dois salamaleques.
Ele não fazia parte de tal corte refinada.

Contemplei enfim meu próprio coração – lá o vi,
não era outra sua morada. [...]

176. ONDE TE ESCONDESTE
João da Cruz
Cristianismo

Onde é que te escondeste,
Amado, e me deixaste com gemido?
Como o cervo fugiste,
Havendo-me ferido;
Saí, por ti clamando, e eras já ido.

Pastores que subirdes
Além, pelas malhadas, ao Outeiro,
Se, porventura, virdes
Aquele a quem mais quero,
Dizei-lhe que adoeço, peno e morro.

Buscando meus amores,
Irei por estes montes e ribeiras;
Não colherei as flores,
Nem temerei as feras,
E passarei os fortes e fronteiras.

177. A NINGUÉM SUBMISSO
Appar
Hinduísmo

A ninguém somos submissos!
A morte não tememos!
O inferno não iremos sofrer!
Não somos fracos!
Nós estamos em júbilo!
Nenhum sofrimento nos ataca!
Diante de ninguém nos curvamos!
Nunca entristecidos,
pois a alegria eterna é nossa herança!
Estamos submetidos somente ao altíssimo,
ao qual ninguém se sobrepõe.
Quem nos poderia desviar desta fé?
Nós nos submetemos a seus pés.

178. DIANTE DO PRESÉPIO: EU SONHO

Martin L. King
Cristianismo

Sonho que os homens levantar-se-ão, um dia,
e compreenderão enfim que foram feitos
para viver juntos como irmãos.
Sonho também, nesta manhã, que, um dia,
cada negro deste país,
cada homem de cor do mundo inteiro,
será julgado pelo seu valor pessoal
e não pela cor de sua pele, e que todos
respeitarão a dignidade da pessoa humana.
Sonho ainda que, um dia,
as indústrias moribundas dos Apalaches readquirirão vida,
que os estômagos vazios do Mississipi serão alimentados,
que a fraternidade tornar-se-á
algo mais que palavra ao final de uma prece,
e que ela será, ao contrário,
o primeiro assunto a ser tratado
na ordem do dia legislativo.
Sonho que um dia
a justiça jorrará como água,
e o direito como um rio vigoroso.
Hoje sonho que,
em todas as altas esferas do Estado
e em todas as municipalidades,
entrarão cidadãos eleitos
que restituirão a justiça,
amarão a piedade
e caminharão humildemente
nos caminhos de seu Deus.

Sonho que, um dia,
a guerra terá fim,
que os homens transformarão
suas espadas em relhas de arado
e suas lanças em podadeiras,
que as nações não se levantarão mais
umas contra as outras
e que não visarão mais à guerra.
Sonho que, um dia,
o leão e o cordeiro
deitar-se-ão um ao lado do outro,
que todos os homens sentar-se-ão
sob suas parreiras e figueiras,
e que ninguém mais terá medo.
Hoje sonho que
todo vale será elevado,
que toda montanha e colina
serão abaixadas,
que os caminhos desnivelados
serão aplainados
e que os caminhos tortuosos
serão endireitados,
que a glória de Deus se revelará
e que toda carne, enfim reunida, há de vê-la...
Sonho que, graças a essa fé,
seremos capazes
de repelir as tentações do desespero
e lançar uma nova luz
sobre as trevas do pessimismo.
Sim, graças a essa fé,
seremos capazes de apressar

o dia em que a paz
reinará sobre a terra
e a boa vontade, entre os homens.
Será um dia maravilhoso,
as estrelas da manhã cantarão juntas
e os filhos de Deus
bradarão em gritos de alegria.

179. MINHA AMADA
Cântico dos Cânticos 2,13b-14
Judaísmo

Levanta-te, minha amada,
minha rola, minha bela, e vem!
O inverno passou,
As chuvas cessaram e já se foram.
Aparecem as flores do campo,
Chegou o tempo da poda,
A rola já faz ouvir seu canto
Em nossa terra.
A figueira produz seus primeiros figos,
Soltam perfumes as vinhas em flor.
Levanta-te, minha amada,
Minha bela, e vem!
Minha rola, que moras nas fendas da rocha,
No esconderijo escarpado,
Mostra-me o teu rosto
E a tua voz ressoe aos meus ouvidos,
Pois a tua voz é suave
E o teu rosto é lindo!

180. SAUDADES DE DEUS
Teresa d'Ávila
Cristianismo

Vejam-te meus olhos,
Doce e bom Senhor.
Vejam-te meus olhos,
E morra eu de amor.
Olhe quem quiser,
Rosas e jasmins:
Que eu, com a tua vista
Verei mil jardins.
Flor de serafins,
Jesus Nazareno,
Vejam-te meus olhos,
E morra eu sereno.
Sem tal companhia
Vejo-me cativo.
Sem ti, vida minha,
É morte o que eu vivo.
Este meu desterro
Quando terá fim?
Vejam-te meus olhos
E morra eu, enfim.
Prazeres não quero,
– Meu Jesus ausente:
Que tudo é suplício
A quem tanto o sente.

181. ETERNAMENTE A SEU LADO
Rûmî
Islã

O amor se avizinhou
e é como o sangue que escorre em minhas veias e em minha pele
Ele esvaziou-me e preencheu-me do Bem-amado.
O Bem-amado penetrou todas as parcelas de meu corpo.
De mim não resta mais que um nome, todo o resto é Ele.

Assente-se com o amor, que é a essência de tua alma,
Busque aquele que eternamente está a seu lado.

O Bem-amado é assim tão próximo de mim,
Mais próximo que eu mesmo de minha própria alma.
De Deus não me recordo jamais,
Pois a memória existe para quem está ausente.

182. ENTRA PELA PORTA DO MEU CORAÇÃO
João Crisóstomo
Cristianismo

Mestre e Senhor,
não mereço que tu entres
sob o teto da minha alma,
mas já que, como amigo dos homens,
queres vir morar em mim,
eu me aproximo de ti com audácia.

Tu mandas que eu abra as portas
que só tu criaste,

para entrar com teu constante amor.
Tu entrarás
e iluminarás meu pensamento enlameado:
eu creio, porque Tu
não repeliste os que vinham a ti
nem rejeitaste o publicano penitente,
mas todos os que, convertidos, se aproximavam de ti,
os incluíste no número dos teus amigos,
Tu que és o único bendito,
em todo o tempo, agora e pelos séculos sem fim.
Amém!

183. POR ESTAR EM TUA PRESENÇA
Dhû'l-Nûn
Islã

Deus meu!
Por estar em tua presença
tenho apressado meus passos,
a ti tenho elevado meus olhos;
em vista de tuas graças
tenho estendido minhas mãos,
e a ti tem gritado minha voz.
Tu és quem não se cansa de nenhum chamado
e Tu não decepcionas a ninguém que a ti tenha rogado.

Deus meu!
Concede que meu olhar seja sincero
para que a ti possa elevar-se.
Porque aquele que quer conhecer-te (tal como és)

não fica ignorado;
aquele que em ti busca refúgio
não está abandonado;
aquele que em ti se regozija
está na alegria;
e aquele que te pede proteção
está seguro da vitória.

184. SOBRE A MINHA PATENA E O MEU CÁLICE
Teilhard de Chardin
Cristianismo

Visto que, uma vez mais, Senhor,
agora não nas florestas do Aisne,
mas nas estepes da Ásia,
não tenho nem pão nem vinho nem altar,
eu me elevarei acima dos símbolos
até a pura majestade do Real,
e vos oferecerei, eu, vosso padre,
sobre o altar da terra inteira,
o trabalho e a fadiga do mundo.

O sol começa a iluminar, lá embaixo,
a franja extrema do primeiro Oriente.
Uma vez mais, sob a toalha movente de seus fogos,
a superfície viva da terra desperta, estremece
e recomeça o seu espantoso labor.

Colocarei sobre a minha patena, ó meu Deus,
a esperada messe desse novo esforço.

Verterei em meu cálice a seiva de todos os frutos
que hoje serão esmagados.

O meu cálice e a minha patena são as profundezas
de uma alma largamente aberta a todas as forças
que, num instante, vão se elevar
de todos os pontos do globo
e convergir para o Espírito.
– Que venham a mim, portanto,
a lembrança e a mística presença
daqueles que a luz desperta para uma nova jornada!

185. CÂNTICO DE DANIEL
Daniel 3,57
Judaísmo

Louvai o Senhor, todas as obras do Senhor,
celebrai-o, enaltecei-o muito e para sempre!
Ó céus, louvai o Senhor,
celebrai-o, enaltecei-o muito e para sempre!
Anjos do Senhor, louvai o Senhor,
celebrai-o, exaltai-o muito e para sempre!
Águas acima do céu, louvai o Senhor,
celebrai-o, exaltai-o muito e para sempre!
Louve toda força o Senhor,
celebre-o, enalteça-o muito e para sempre!
Sol e lua, louvai o Senhor,
celebrai-o, enaltecei-o muito e para sempre!
Estrelas do céu, louvai o Senhor,
celebrai-o, enaltecei-o muito e para sempre!

Chuva e orvalho, louvai o Senhor,
celebrai-o, exaltai-o muito e para sempre!
Todos os ventos, louvai o Senhor,
celebrai-o, exaltai-o muito e para sempre!
Fogo e calor, louvai o Senhor,
celebrai-o, enaltecei-o muito e para sempre!
Frio e calor, louvai o Senhor,
celebrai-o, exaltai-o muito e para sempre!
Gotas de orvalho e flocos de neve, louvai o Senhor,
celebrai-o, enaltecei-o muito e para sempre!
Noites e dias, louvai o Senhor,
celebrai-o, exaltai-o muito e para sempre!
Luz e trevas, louvai o Senhor,
celebrai-o, enaltecei-o muito e para sempre!
Gelo e frio, louvai o Senhor,
celebrai-o, exaltai-o muito e para sempre!
Geadas e neves, louvai o Senhor,
celebrai-o, exaltai-o muito e para sempre!
Raios e nuvens, louvai o Senhor,
celebrai-o, enaltecei-o muito e para sempre!
Louve a terra o Senhor,
celebre-o, exalte-o muito e para sempre!
Montes e colinas, louvai o Senhor,
celebrai-o, exaltai-o muito e para sempre!
Todas as plantas da terra, louvai o Senhor,
celebrai-o, enaltecei-o muito e para sempre!
Mares e rios, louvai o Senhor,
celebrai-o, exaltai-o muito e para sempre!
Fontes (e nascentes), louvai o Senhor,
celebrai-o, enaltecei-o muito e para sempre!
Baleias e tudo o que se move nas águas, louvai o Senhor,
celebrai-o, exaltai-o muito e para sempre!

Todas as aves do céu, louvai o Senhor,
celebrai-o, exaltai-o muito e para sempre!
Todos os animais selvagens e mansos, louvai o Senhor,
celebrai-o, enaltecei-o muito e para sempre!
Filhos dos homens, louvai o Senhor,
celebrai-o, exaltai-o muito e para sempre!
Israel, louve o Senhor,
celebre-o, exalte-o muito e para sempre!
Sacerdotes, louvai o Senhor,
celebrai-o, enaltecei-o muito e para sempre!
Servos, louvai o Senhor,
celebrai-o, enaltecei-o muito e para sempre!
Espíritos e almas de justos, louvai o Senhor,
celebrai-o, exaltai-o muito e para sempre!
Santos e humildes de coração, louvai o Senhor,
celebrai-o, enaltecei-o muito e para sempre!
Ananias, Azarias e Misael, louvai o Senhor,
celebrai-o, enaltecei-o muito e para sempre!
Pois arrancou-nos da mansão dos mortos,
e nos salvou da mão da morte,
libertou-nos do meio da fornalha das chamas ardentes,
do meio do fogo nos libertou.
Rendei graças ao Senhor, pois Ele é bom,
pois sua misericórdia dura para sempre!
Vós todos que adorais o Senhor,
louvai o Deus dos deuses,
celebrai-o e rendei-lhe graças,
pois sua misericórdia dura para sempre!

186. SONHAR
Carlos Rodrigues Brandão
Cristianismo

Desenha, Deus,
No caderno um arco-íris.
És bom pintor, eu creio,
Um bom artista.
Depois cantarolas sete notas
Como se fosses,
Meu Deus, um passarinho
Desses que cantam
Quando o sol vem vindo.
Soletras o meu nome de criança
Como quem lê na chuva, o vento,
E depois me dás a mão
Como a um amigo.
E que eu te ame assim,
Devagarinho:
Com velas e preces
Pão e vinho,
Como se eu fosse um deus
E Tu, um menino.

187. ELE TE RESPONDERÁ
Rûmî
Islã

No dia da Ressurreição, homens e mulheres comparecerão pálidos e trêmulos de medo para o julgamento final.
Eu apresentarei o teu amor em minhas mãos e te direi:
Interroga-o, Ele te responderá.

188. SE TE QUISER VER
Nicolau de Cusa
Cristianismo

É, pois, necessário que o intelecto
se torne ignorante
e se coloque na sombra,
se te quiser ver.
Mas o que são, Deus meu,
o intelecto e a ignorância,
senão a douta ignorância?
Por isso, não pode
aproximar-se de ti,
ó Deus,
que és a infinidade,
senão aquele cujo intelecto
está na ignorância,
ou seja, aquele que sabe
que te ignora.

189. A ALEGRIA DE DEUS
Isaías 35,1-4
Judaísmo

Alegrem-se o deserto e a terra árida,
regozije-se a campina e floresça.
Que ela floresça como a flor do campo,
que se regozije e grite de alegria!
Foi-lhe dada a glória do Líbano,
o esplendor do Carmelo e do Saron.

Eles verão a glória do Senhor,
o esplendor de nosso Deus.
Fortalecei as mãos enfraquecidas
e firmai os joelhos vacilantes!
Dizei aos covardes:
Tende coragem, não temais!
Eis o vosso Deus! Chega a vingança!
Deus vem para castigar os inimigos e vos salvar!

190. BEM-AVENTURADOS OS PACÍFICOS, PORQUE SERÃO CHAMADOS FILHOS DE DEUS (MATEUS 5,9)

Charles de Foucauld
Cristianismo

Pacíficos... Aqueles que amam a paz...
Aqueles que procuram fazer reinar a paz em meio aos homens...
Os que fizerem isso, serão chamados "filhos de Deus"...
E não é sem razão
que lhes dás esse belo nome, meu Senhor Jesus...
Aqueles que procuram
fazer reinar a paz em meio aos homens,
que procuram estar em paz com todos,
são os que sabem o que são os homens:
uma só família, na qual todos são irmãos,
da qual Deus, como criador, é Pai;
família à qual este Pai, inefavelmente bom,
quer o bem mais do que qualquer pai

ou qualquer mãe da terra possam querê-lo para a sua família;
família na qual o Pai
quer o amor entre seus diversos filhos
mais do que a terna mãe sobre a terra o queira entre os seus;
família na qual, por consequência,
Deus quer que reinem a paz e o amor,
a concórdia e a mais afetuosa ternura entre todos os irmãos,
isto é, entre todos os homens...
Os que se lembram disso e que, portanto, querem
uma verdadeira paz entre todos os homens,
todos irmãos e todos filhos de Deus,
com justiça estes são chamados "filhos de Deus",
porque têm presente na memória
qual é sua origem e quem é seu Pai.

191. VEM!
Rûmî
Islã

Ó Tu, que és único como o sol, vem!
Sem ti, o jardim e as folhas empalidecem, vem!
O mundo sem ti é pó e cinzas.
Este banquete, estes regozijos sem ti perdem o vigor, vem!

192. JESUS, AJUDA-ME
Hermán Gregorio Vera
Cristianismo

Jesus,
ajuda-me a descobrir-te em meu irmão,
a amar-te na dor,
a abraçar-te na pobreza.
A ver o brilho de teus olhos no sol do amanhecer,
a contemplar tua misericórdia na imensidão do mar,
a ver tua grandeza no cume das montanhas,
E no ocaso da minha vida, quando para mim já não haja mais sol,
a ver teu rosto iluminando meu ser.

193. FRUIÇÃO DA VIDA COMO DOM DE DEUS
Eclesiastes 9,7-9
Judaísmo

Anda, come teu pão com alegria,
e bebe contente teu vinho,
porque Deus se agrada de tuas obras.
Usa sempre vestes brancas,
e não falte o óleo perfumado sobre tua cabeça!
Goza a vida com a mulher que amas,
todos os dias da vida fugaz que Deus te concede debaixo do sol,
todos os teus dias fugazes, como são!
Pois essa é tua parte na vida
e no trabalho que suportas debaixo do sol.

194. SOIS VÓS
Teilhard de Chardin
Cristianismo

Quando no meu corpo (e muito mais no meu espírito)
começar a notar-se o desgaste da idade,
quando se precipitar sobre mim, de fora,
ou nascer em mim, por dentro,
o mal que apouca ou aniquila,
no momento doloroso em que subitamente
tomar consciência de que estou doente
ou estou velho,
nesse momento derradeiro sobretudo em que
eu sentir que escapo a mim mesmo,
absolutamente passivo nas mãos
das grandes forças desconhecidas que me formaram,
em todas essas horas sombrias,
dai-me, meu Deus,
o compreender que sois Vós
(contanto que a minha fé seja assaz grande)
que afastais dolorosamente as fibras do meu ser
para penetrardes até a medula da minha substância,
para me levardes para Vós.

195. UNIFICAÇÃO DO CORAÇÃO
Atharva-Veda III, 30,1-3
Hinduísmo

Eu uno vossos corações, vossos sentidos
e vos liberto do ódio.

Que o filho seja fiel a seu pai
e uma harmonia com a mãe.
Que a mulher encontre seu marido
com palavras úteis e amorosas de serem ouvidas.
Que o irmão não odeie seu irmão,
nem a irmã, a sua irmã.
Que vossas palavras sejam unânimes e unidas no objetivo,
que sejam sempre alegres!

196. MEU SENHOR E MEU DEUS
Klaus von Flüe
Cristianismo

Meu Senhor e meu Deus,
arranca de mim, tudo o que impede de ir a ti!
Meu Senhor e meu Deus,
dá-me tudo o que me impulsiona para ti!
Meu Senhor e meu Deus,
toma-me de mim e dá-me todo como próprio teu!

197. SIGO BUSCANDO A FONTE DA DOÇURA

Rûmî

Islã

O sono perturbaste, meu Amado,
no sangue de meu frágil coração.

Sigo buscando a fonte da doçura
acima do sublime entendimento;

embora a noite seja imprevisível,
torna meu sono límpido e suave.

Sou apenas a sua sobrancelha,
enquanto não alcanço seu amor:

estou magro, minguante, solitário,
e já não sei dormir na lua nova.

Peço ao amor em plena madrugada
que leve para longe o sono frágil.

E o sono volta, procura combate,
mas foge: meu exército é maior.

Do céu vem o amor: sua grandeza,
desejo cristalino e soberano,

levou o sono de meus olhos frágeis.
Velam comigo insones companheiros.

Se estás profundamente enamorado,
segue sem vacilar esta vigília.

O sono volta nos primeiros raios
e mesmo assim resisto, e já não durmo.

198. A INQUIETAÇÃO E O REGAÇO DE DEUS
Agostinho de Hipona
Cristianismo

Dai-vos a mim,
ó meu Deus;
Entregai-vos a mim.
Eu vos amo;
E, se é ainda pouco,
fazei que vos ame
com mais força.
Não posso avaliar
quanto amor me falta
para ter o suficiente
a fim de a minha vida
correr para o vosso regaço
e não sair dele,
enquanto não megulhar
nos segredos do vosso rosto.
Uma só coisa reconheço:
é que tudo me corre mal
fora de Vós,
e não só à volta de mim,
mas até em mim.
Toda abundância
que não é o meu Deus,
é para mim indigência.

199. UNIDADE
Rig-Veda X, 191,2-4
Hinduísmo

Reuni-vos, conversai entre si,
sede unidos em espírito.
Que vossas pretensões sejam iguais,
vossas reuniões unânimes.
O mesmo sentir e o mesmo pensar vos liguem todos.
Eu vos dou um mesmo objetivo;
glorificai a Deus com a mesma oferenda.
Que vossos propósitos sejam iguais, vossos corações unidos;
vosso espírito seja um só,
para que assim todos juntos possam viver felizes.

200. O IMPULSO DO AMOR
Tomás de Kempis
Cristianismo

Nada mais doce do que o amor,
nada mais forte,
nada mais sublime,
nada mais amplo,
nada mais delicioso,
nada mais perfeito
ou melhor no céu e na terra;
porque o amor procede de Deus,
e só em Deus pode descansar,
acima de todas as criaturas.
O amor muitas vezes não conhece limites,
mas seu ardor excede a toda medida.

O amor não sente peso,
não faz caso das fadigas
e quer empreender mais do que pode;
não se escusa com a impossibilidade,
pois tudo lhe parece lícito e possível.
Por isso de tudo é capaz e realiza obras,
enquanto o que não ama desfalece e cai.

201. POR MEIO DO MEU SENHOR
Dhû'l-Nûn
Islã

Conheci o meu Senhor
Por meio do meu Senhor;
Sem o meu Senhor,
Jamais teria conhecido o meu Senhor.

202. COMUNHÃO
Teilhard de Chardin
Cristianismo

Senhor, encerrai-me no mais profundo
das entranhas do vosso coração.
E, quando aí me tiverdes,
queimai-me, purificai-me, inflamai-me,
sublimai-me, até a perfeita satisfação do vosso gosto,
até a mais completa aniquilação de mim mesmo.

203. CONCÓRDIA
Atharva-Veda VIII, 52,1-2
Hinduísmo

Impere a concórdia em nosso próprio povo,
e a concórdia com os povos diferentes.
Que possamos ser unidos em pensamento e pretensões
e que não lutemos contra o espírito divino em nós.
Não queremos ouvir chamados de batalha
em meio a guerreiros derrotados,
e nem ter flechas atiradas por agressores
no nascer do dia.

204. PELOS QUE VÃO MORRER
Walter Rauschenbusch
Cristianismo

Ó Tu, Senhor da eternidade,
nós que estamos condenados a morrer
elevamos nossas almas a ti
à procura de forças,
porque a morte passou por nós
na multidão dos homens e nos tocou,
e sabemos que em alguma curva do nosso caminho
ela estará nos esperando para nos pegar pela mão
e nos levar... não sabemos para onde.
Nós te louvamos porque para nós
ela não é mais uma inimiga,
e sim um grande anjo teu, nosso amigo,

o único a poder abrir, para alguns de nós,
a prisão da dor e do sofrimento
e nos levar para os espaços imensos de uma nova vida.
Mas nós somos como crianças,
com medo do escuro e do desconhecido,
e tememos deixar esta vida que é tão boa,
e os nossos amados, que nos são tão queridos.
Dá-nos a graça de ter um coração valente,
para que possamos caminhar por esta estrada
com a cabeça levantada e com um sorriso no rosto.
Que possamos trabalhar alegremente até o fim,
e amar os nossos queridos com ternura ainda maior,
porque os dias do amor são curtos.

205. O MUNDO ALÉM DAS PALAVRAS
Rûmî
Islã

Dentro deste mundo há outro mundo
impermeável às palavras.
Nele, nem a vida teme a morte,
nem a primavera dá lugar ao outono.

Histórias e lendas surgem dos tetos e paredes,
até mesmo as rochas e árvores exalam poesia.
Aqui, a coruja transforma-se em pavão,
o lobo, em belo pastor.

Para mudar a paisagem,
basta mudar o que sentes;

e se queres passear por esses lugares,
basta expressar o desejo.

Fixa o olhar no deserto de espinhos.
Já é agora um jardim florido!
Vês aquele bloco de pedra no chão?
Já se move e dele surge a mina de rubis!

Lava tuas mãos e teu rosto
nas águas deste lugar,
que aqui te preparam um fausto banquete.
Aqui, todo ser gera um anjo;
e quando me veem subindo aos céus
os cadáveres retornam à vida.

Decerto vistes as árvores crescendo da terra,
mas quem há de ter visto o nascimento do paraíso?
Viste também as águas dos mares e rios,
mas quem há de ter visto nascer
de uma única gota d'água
uma centúria de guerreiros?

Quem haveria de imaginar essa morada,
esse céu, esse jardim do paraíso?
Tu, que lês este poema, traduze-o.
Diz a todos o que aprendeste
sobre este lugar.

206. TU ESTÁS SEMPRE AO NOSSO LADO
Nicolau de Cusa
Cristianismo

Tu és, Senhor,
o companheiro do meu peregrinar.
Onde quer que eu vá, teus olhares
repousam sempre sobre mim.

Mas tua visão
é teu próprio movimento.
Portanto, Tu te moves comigo;
e, durante todo o meu movimento,
o teu movimento
não para jamais.
Quando repouso, Tu estás comigo;
quando subo, Tu sobes;
quando desço, Tu desces;
para o lado que eu me voltar, Tu estás presente.

E na hora do sofrimento
não me abandonas:
cada vez que te invoco
Tu estás ao meu lado;
porque invocar-te
é voltar-me para ti.

A quem se volta para ti,
Tu não podes faltar,
e ninguém pode voltar-se para ti,
se Tu já não estás presente a ele.

207. OLHAR COM OS OLHOS DO AMIGO
Yajur-Veda XXXVI, 18
Hinduísmo

Que todas as criaturas possam me olhar
com os olhos de um amigo;
também eu desejo olhar todas as criaturas
com os olhos de um amigo.
Que possamos olharmo-nos uns aos outros
com os olhos de um amigo.

208. A ESSÊNCIA DO AMOR
Charles de Foucauld
Cristianismo

A essência do amor,
o único amor verdadeiro,
o único amor digno deste nome
é aquele que se esquece de si
e que esquece tudo,
para não querer senão uma coisa,
não viver senão por uma coisa:
o bem do Bem-amado.

209. NÃO ENCONTRARÁS

Rûmî

Islã

Segura o manto de seus favores,
pois Ele logo desaparecerá.
Se o retesa como a um arco,
ele escapará como flecha.

Vês quantas formas Ele assume,
quantos truques Ele inventa.
Se está presente em forma,
então há de sumir pela alma.

Se o procuras no alto do céu,
Ele brilha como a lua no lago;
entras na água para capturá-lo
e de novo Ele foge para o céu.

Se o procuras no espaço vazio
lá está no lugar de sempre;
caminhas para este lugar
e de novo Ele foge para o vazio.

Como a flecha que sai do arco,
como o pássaro que voa da tua imaginação,
o absoluto há de fugir sempre
do que é incerto.

"Escapo daqui e dali,
para que minha beleza
não se prenda a isso ou aquilo.
Como o vento, sei voar,
e por amor à rosa, sou como a brisa;
também a rosa há de escapar ao outono."

Vê como se eclipsa este ser:
até seu nome se desfaz
ao sentir tua ânsia de pronunciá-lo.

Ele te escapará à menor tentativa
de fixar sua forma numa imagem:
a pintura sumirá da tela,
os signos fugirão de teu coração.

210. A NOSSA POUCA FÉ
Cardeal Martini
Cristianismo

E nós, Senhor?
Não temermos dizer-te
que nos encontramos, agora, como os teus primeiros
discípulos.
A nossa fé é companheira
da parca disponibilidade, da rigidez de coração,
da dureza, da incapacidade de te compreender.
Repreende-nos, Senhor,
para que o nosso coração possa acolher-te!
Faze com que não nos amedrontemos
da nossa dureza de coração,
mas que, perseverando na oração,
possamos colher os sinais da tua presença.

211. PERTENÇO A TI E A NINGUÉM MAIS!
Haridasa
Hinduísmo

Embora eu seja mau e sem coração,
conhecido de todos como vergonhoso pecador,
e me entregue alegremente a más companhias,
embora eu seja tão insignificante,
eu pertenço a ti e a ninguém mais!
Embora eu seja vingativo e soberbo
e nunca ajude ninguém,
embora eu seja colérico
e perdido em ignorância, mesmo assim,
pertenço a ti e a ninguém mais!

212. JÁ O POSSUÍMOS PELA GRAÇA
Thomas Merton
Cristianismo

Todos nós estamos adicionados
a qualquer coisa muito além de nós.
Não podemos averiguar ainda
o que seja.
Mas sabemos, na linguagem da nossa teologia,
que somos todos membros do Cristo Místico
e que todos crescemos juntos nele,
que criou todas as coisas.
Podemos dizer que estamos sempre viajando,
e viajando como se não soubéssemos
para onde vamos.

Mas também podemos dizer que já chegamos.
Não podemos alcançar a posse perfeita de Deus
nesta vida;
é por isso que estamos viajando e nas trevas.
Mas já o possuímos pela graça,
e por conseguinte, nesse sentido,
já chegamos e residimos em plena luz.
Oh! Mas quão longe fui para vos encontrar,
muito embora já tenha chegado a Vós.

213. DONS E TAREFAS
Jizchak Lamdan
Judaísmo

Eterno, meu Deus, eu te agradeço
por me teres concedido tantos dons.
Que eu possa conduzir conscientemente minha vida
sob tua diretriz.
Dai-me forças,
para que eu possa enfrentar
as tarefas e desafios da minha vida
confiando em tua ajuda.
Quero ajudar a mim mesmo e aos outros
a ter uma vida com sentido.
Desejo ser bênção para muitos.
Por isso suplico
por tua força, por teu apoio.

214. MENSAGEM EM NOME DOS ANJOS
Leonardo Boff
Cristianismo

Glória a Deus nas alturas
e paz na terra às pessoas de boa vontade!
Esta é a mensagem que vem dos anjos,
mensageiros de Deus.
O menino revela a glória de Deus.
Não é a glória de um rei,
nem de um rico,
nem de um forte.
É a glória de um Deus-criança
que é inocência, candura, ternura e amor.
Diante da inocência
cala a voz do poderoso para contemplar.
Diante da candura
dobra-se o violento para acariciar.
Diante da ternura
abre-se o coração do insensível para se comunicar.
Diante do amor
todos se extasiam
e recuperam a alegria de viver.
É o que acontece com o Natal
e com a glória de Deus
que é a vida do ser humano.
Esta glória do Deus-menino
traz reconciliação e paz à terra.

215. DÁ-ME UM CORAÇÃO PURO!
Ramakrishna
Hinduísmo

Toma, segura tua sabedoria e inteligência,
e dá-me um coração puro!
Toma, segura teu melhor e o teu pior,
e dá-me um coração puro!
Toma, segura tua pureza e tua impureza,
e dá-me um coração puro!
Toma, segura tua virtude e teu pecado,
e dá-me um coração puro!

216. GUIA-ME PARA ALÉM
Pseudo-Dionísio Areopagita
Cristianismo

Ó Trindade superessencial,
mais do que divina e bondosa,
guardiã da divina sabedoria dos cristãos:
guia-me para além,
não só de qualquer luz,
mas do próprio incognoscível,
até ao mais alto cume
das místicas escrituras,
onde os mistérios simples,
absolutos e incorruptíveis, da teologia
se revelam na escuridão hiperluminosa do silêncio.

É no silêncio, verdadeiramente,
que se aprendem os segredos
dessa escuridão,

da qual é pouco dizer
que brilha de uma luz ofuscante
no seio da mais tenebrosa obscuridade
e que, embora permanecendo
perfeitamente intangível e invisível,
cumula, com resplendores mais belos
do que a beleza,
as inteligências
que sabem fechar os olhos.

217. O AMADO É VOSSO VIZINHO
Rûmî
Islã

Vós que saístes a peregrinar!
Voltai, voltai, que o Amado não partiu!

O Amado é vosso vizinho de porta,
por que vagar no Deserto da Arábia?

Olhai o rosto sem rosto do Amado:
peregrinos sereis, casa e Caaba.

De casa em casa buscastes resposta.
Mas não ousastes subir ao telhado.

Onde as flores, se vistes o jardim?
A pérola, além do mar de Deus?

Que descobristes em vossa fadiga?
O véu apenas, mas vós sois o véu.

Se desejais chegar à casa da alma,
buscai no espelho o rosto mais singelo.

218. ME ABISMAR EM VÓS
Teilhard de Chardin
Cristianismo

Sim, quanto mais no íntimo de minha carne
o mal estiver incrustado e for incurável,
tanto mais isso pode ser sinal
de que vos abrigo a Vós,
como um princípio amigo e ativo
de depuração e de desprendimento.
Quanto mais o futuro se abrir diante de mim
como uma fenda que causa vertigens
ou como passagem obscura,
tanto mais, se nele me aventuro fiado na vossa palavra,
posso ter confiança em me perder ou
em me abismar em Vós,
– em ser assimilado pelo vosso Corpo, Jesus.

219. PERDOA-ME
Rig-Veda VIII, 45,34
Hinduísmo

Não me destruas
por causa de um, de dois ou de três pecados;
Perdoa-me,
mesmo sendo muitos os pecados.

220. ORAÇÃO DA NOITE
Oração muçulmana
Islã

Deus, Senhor de Gabriel, Miguel e Rafael,
criador do céu e da terra,
Tu que conheces o escondido e o visível!
Tu decides entre teus servos,
naquilo em que se encontram desunidos.
Conduz-me à verdade com teu apoio,
onde houver desunião.
Tu conduzes ao caminho correto,
aquele que achas digno.

221. FORÇA NA MÃO DE DEUS
Efrém o Sírio
Cristianismo

Senhor, Tu seguras em tua mão:
a vida e a morte.
Vê, minha vida se esvai,
as fraquezas se multiplicam dia após dia.
Tu sabes que estou alquebrado,
e Tu podes me dar forças, mesmo na fraqueza.
Sustenta-me em tua misericórdia.
Muitos à minha volta se admiram de mim como se fosse um milagre,
pois Tu me manténs vivo.
Não quero esquecer de te agradecer,
pois Tu me carregas em teu coração.
Conserva-me até um fim bom.
Permanece, Senhor, minha segurança e proteção.

222. ORAÇÃO DE DOMINGO
Etty Hillesum
Judaísmo

São tempos temerosos, meu Deus.
Esta noite, pela primeira vez,
Passei-a deitada no escuro de olhos abertos e a arder,
E muitas imagens do sofrimento humano desfilavam
Perante mim.
Vou prometer-te uma coisa, Deus, só uma ninharia:
Não irei sobrecarregar o dia de hoje
Com igual número de preocupações em relação ao futuro,
Mas isso custa um certo exercício.
Cada dia já tem a sua conta.
Vou ajudar-te, Deus, a não me abandonares,
Apesar de eu não poder garantir nada com antecedência.
Mas torna-se-me cada vez mais claro o seguinte:
Que tu não nos podes ajudar,
Que nós é que temos de te ajudar,
E ajudando-te, ajudamo-nos a nós próprios.
E esta é a única coisa que podemos preservar nestes tempos,
E também a única que importa:
Uma parte de ti em nós, Deus.
E talvez possamos ajudar a pôr-te a descoberto
Nos corações atormentados de outros

223. AO SAIR DA CASA DE ORAÇÃO
Ahmad
Islã

Deus, peço-te por teu favor.
Em nome de Deus.
Bênção e paz estejam com os enviados de Deus.
Meu criador e mantenedor,
perdoa minhas faltas
e abre para mim as portas de teu favor.

224. VÓS O CONCEDEIS A MIM
Teilhard de Chardin
Cristianismo

Agora, Senhor, pela consagração do mundo,
o vislumbre e o perfume que flutuam no universo
assumem para mim corpo e face, em Vós.
O que o meu pensamento entrevia de forma hesitante,
o que o meu coração reclamava com desejo inverossímil,
Vós o concedeis a mim de modo magnífico:
que as criaturas não somente sejam solidárias entre si
– de modo que nenhuma possa existir
sem todas as outras que a envolvam –,
mas que elas de tal forma estejam suspensas
num mesmo centro real, que uma verdadeira vida,
suportada em comum, definitivamente lhes dê
sua consistência e união.

225. SOMOS TEUS
Rig-Veda VIII, 92,32; 66,13
Hinduísmo

Apoiados por ti, ó Deus,
possamos enfrentar de forma correta
os que nos desafiam.
Tu és nosso e nós somos teus.
Verdadeiramente, somos teus, ó Deus,
teus adoradores confiam-se plenamente a ti.
Além de ti, ó enaltecido, não há ninguém,
ó poderoso, que nos concedes graça.

226. AO DEUS ÚNICO E VERDADEIRO
Romano Guardini
Cristianismo

Senhor, Deus vivo, Tu és o uno e o único
e nenhum outro é igual a ti.
Toda a divindade é tua.
E tudo o que não se dá a ti é um furto feito contra ti.
Na graça nos revelaste o teu ser
e anunciaste o teu nome.
Cremos em ti.
Conserva em nós esta fé, ó Senhor,
pois só por meio dela somos protegidos
e tua honra é a nossa honra
e a tua soberania é a nossa salvação.
Criaste o mundo e a nós também.
Existência e ser, vida e pensamento,
tudo provém da tua Palavra onipotente e amorosa.

Por isso, nos inclinamos diante de ti e te pedimos.
Tu és o santo, mas nós somos os pecadores e o conhecemos.
Nós te rendemos graças pelo que nos tens anunciado,
pois isto é verdade.
Tu, ó Deus, és o Senhor;
Senhor, em ti mesmo, da existência e da eternidade,
como Tu revelas ao teu mensageiro: "Eu sou o que sou".
E Senhor do mundo, porque Tu o criaste e o governas.
Mas a tua soberania respeita a liberdade das tuas criaturas
e lhes mostra o modo de querer e de se determinar.
Faze com que eu não esqueça
e não abuse de tua generosidade;
Deus santo e bom, Senhor de minha existência,
preserva-me deste mal.
Peço-te, ó Deus, porque só Tu
és digno de receber o louvor, a honra e o poder.

227. DONS DE TUA BENEVOLÊNCIA

Al Gazzâli
Islã

Deus meu,
rogo-te que nos dês
toda a tua benevolência;
que nos protejas
a cada instante;
que nos concedas
inteiramente teu perdão.
Faze com que nossa vida
seja repleta de ti;

e nossa existência
feliz por ti;
cobre-nos somente
com teus imensos dons
e teus múltiplos favores;
mostra-nos a delicadeza de teu amor
e a profundidade de tua bondade.

228. AÇÃO DE GRAÇAS
Tomás de Aquino
Cristianismo

Meu Deus, em ti louvo, glorifico, bendigo
a clemência que há muito me espera,
a doçura que afasta o castigo,
a piedade que chama,
a benignidade que acolhe,
a misericórdia que perdoa os pecados,
a bondade que recompensa além dos méritos,
a paciência que não recorda a ofensa,
a condescendência que consola,
a longanimidade que protege,
a eternidade que me quer imortal,
a verdade que nutre a alma.

O que dizer, meu Deus, de tua inefável generosidade?
Afinal, Tu me chamas quando fujo,
Tu me acolhes no retorno,
Tu me ajudas na dúvida,
Tu me ensinas no desespero,
Tu me estimulas quando sou negligente,

Tu me armas quando combato,
Tu me coroas quando triunfo.

Tu não me desprezas, pecador como sou, depois da penitência
e não recordas a ofensa.
Libertas de muitos perigos,
abranda-nos o coração e dirige-o à penitência.
Exortas com a beleza da criação,
convidas com a clemência da redenção,
prometes os prêmios da recompensa celeste.
Por todos estes bens
não sou capaz de dignamente te louvar.

229. DEUS, PÕE LUZ EM MEU CORAÇÃO
Bukhari
Islã

Deus, põe luz em meu coração,
luz em meus olhos, luz em meus ouvidos,
luz à minha direita, luz à minha esquerda,
luz sobre mim, luz abaixo de mim,
luz diante de mim, luz atrás de mim
e torne-me luz!
E coloca luz em minha língua,
luz em meus tendões, luz em minha carne,
luz em meu sangue, luz em meu cabelo,
luz em meu corpo e luz em minha alma
e multiplique a luz para mim.
Deus, dá-me luz!

230. SENHOR, ESTEJA À NOSSA FRENTE
Nathan Söderblom
Cristianismo

Senhor,
esteja à nossa frente para nos guiar;
esteja atrás de nós para nos empurrar;
esteja debaixo de nós para nos carregar;
esteja sobre nós para nos abençoar!
Esteja em torno de nós para nos proteger;
esteja dentro de nós para que nosso espírito,
nossa alma e nosso corpo – tua propriedade –
te sirvam corretamente e santifiquem o teu nome. Amém.

231. ORAÇÃO DO INVERNO
Judaísmo

Ó Senhor, nosso Deus, abençoa para nós
este ano e tudo o que de bom vier a ser produzido,
concede chuva e orvalho em abundância,
abençoa a superfície da terra,
sacia o mundo com tua bondade,
e enche nossas mãos de tuas bênçãos
e da riqueza de teus dons.
Defende e salva este ano de todas as coisas ruins
e de toda destruição e calamidade;
prepara-lhe uma boa esperança e um fim de paz;
tem piedade e misericórdia dele
e de tudo o que produz e que frutifica;
abençoa-o com a chuva da complacência,

da bênção e da generosidade;
e que seu termo seja vida, abundância e paz,
como o ano dos anos bons em bênção,
porque Tu és um Deus bom e benfazejo,
porque és Tu que abençoas os anos.

232. NA PALMA DE VOSSA MÃO
Tomás de Kempis
Cristianismo

Vós sabeis, Senhor,
o que é melhor para mim;
faça-se isso ou aquilo
conforme a vossa vontade.
Dai-me o que quiserdes,
quanto e quando quiserdes.
Disponde de mim
como entendeis,
como mais vos agradar
e para maior glória vossa.
Ponde-me onde quiserdes
e disponde de mim
livremente em tudo,
pois estou na palma de vossa mão.

233. ABERTO A TODAS AS FORMAS
Ibn Arabi
Islã

Meu coração está aberto a todas as formas:
é uma pastagem para as gazelas,
e um claustro para os monges cristãos,
um templo para os ídolos,
A Caaba do peregrino,
As Tábuas da Torá,
e o livro do Corão.
Professo a religião do amor,
em qualquer direção que avancem seus camelos;
a religião do amor
será minha religião e minha fé.

234. A GLÓRIA DE DEUS
Raïssa Maritain
Cristianismo

O repouso está em Vós – a quem
não se pode chamar pelo nome
Em Vós o não saber bebe a plenitude
Som invisível – dormir atento
No céu de vossa noite reina a certeza
Substância impenetrável – Divindade
A nosso amor sois acessível
Fiel Trindade

235. A MÃE DIVINA MORA EM MEU CORAÇÃO
Ramprasad Sem
Hinduísmo

A bem-aventurada Mãe Divina mora em meu coração
e brinca eternamente nele.
Não esqueço o seu nome
em nenhuma situação de minha vida.
Quando fecho os meus olhos,
ela aparece em meu coração com uma coroa de cabeças.
Então desaparece minha sabedoria mundana;
todos me chamam de louco.
Eles podem me chamar do que quiserem,
se eu possuo minha mãe selvagem.
Eu digo: a Mãe vive na flor de meu coração.
Ó Mãe, busco refúgio aos teus pés;
não me rejeites quando eu morrer.

236. NÃO ME ABANDONAS
Nicolau de Cusa
Cristianismo

Tu não me abandonas, Senhor.
De todos os lados me proteges,
porque cuidas de mim
com a máxima diligência.
O teu ser, Senhor,
não abandona o meu ser.
Eu sou na medida em que Tu és comigo.
E porque o teu ver é o teu ser,

assim eu sou porque Tu me olhas.
E se retiras de mim os teus olhos,
de modo nenhum subsistirei.
Mas sei que o teu olhar
é a bondade máxima
que não pode deixar de se comunicar
a tudo o que a pode receber.
Por isso, jamais poderás abandonar-me
enquanto eu for capaz de te receber.

237. UM HOMEM QUE ORA
Jizchak Lamdan
Judaísmo

Sim, acontece neste nosso tempo,
que de repente uma pessoa se prostra e reza;
e este homem não está envolvido com um xale do talit
sua gravata está com nó
seus sapatos estão limpos
e ele não cai de joelhos em um santuário,
nem numa casa de oração –
mas no meio da cidade, ao lado da parada,
enquanto espera pelo ônibus
da linha tal-e-tal,
ali ele se curva e reza para o Único,
sobre o qual sente:
Ele É!

238. MEDITAÇÃO SOBRE O AMOR DE DEUS

Bernardo de Claraval
Cristianismo

Quereis saber como se deve amar a Deus?
Respondo:
O motivo do amor a Deus é o próprio Deus
e a medida de amá-lo é amá-lo sem medida.

Não amamos a Deus sem sermos recompensados,
embora
não devamos amá-lo pensando em recompensa.

O verdadeiro amor não é sem proveito,
mas também não é mercenário,
pois não procura seus próprios interesses.

É um movimento do coração,
não é um contrato.

Não se pode comprá-lo ou adquiri-lo,
por meio de um mercado.

É espontâneo
e nos torna espontâneos
como ele.

Se alguém ama o outro
subordinando-o,
é a si mesmo que ele ama,
não ao outro.

No primeiro grau do amor,
o homem se ama para si mesmo.
Ele é carne
e nada sabe julgar fora da carne.

Depois,
quando começa a perceber

que não pode bastar-se a si mesmo,
começa a procurar Deus,
pela fé e pelo amor,
como um auxílio que lhe é necessário.

No segundo grau,
o ser humano ama Deus,
mas para si,
não ainda por Ele.

Pouco a pouco,
a familiaridade que vai adquirindo,
e que lhe revela
quanto Deus é suave,
o faz passar para o terceiro grau,
que é amar a Deus,
não para si,
mas por Ele mesmo.

Normalmente,
o homem para neste estágio.
Não sei se haverá alguém,
sobre a terra,
que atinja perfeitamente
o quarto grau,
em que o homem não se ama a si mesmo
a não ser por Deus.

Se alguém já o experimentou,
que o diga.
Para mim, confesso, isto até agora
me foi impossível.
Mas não duvido que este será
nosso quinhão
na eternidade.

239. NOS COBRE COM SEU CALOR

Rûmî

Islã

Deus, o Altíssimo, criou esses véus
com uma finalidade;
se a beleza divina se manifestasse sem véus,
não suportaríamos essa revelação
e não poderíamos alegrar-nos com ela.
Graças a esses véus, somos ajudados e reconfortados.
O sol que, com sua luz,
nos permite ver e caminhar,
assim como distinguir o que é bom do que é ruim,
que nos cobre com seu calor
e torna as árvores e os jardins férteis,
que com seus raios transforma as frutas verdes,
ácidas e amargas em frutas maduras e doces,
que faz brilhar as minas de ouro e de prata,
os rubis e as cornalinas;
se esse sol que produz tantas coisas boas
se aproximasse mais,
só causaria infelicidade:
toda a terra e todas as criaturas seriam queimadas
e destruídas.
Quando Deus, o Altíssimo, se manifesta
na montanha com um véu,
torna as árvores, as flores e a relva belas,
e quando Ele se manifesta sem véus,
destrói e pulveriza tudo.
E quando seu Senhor se manifestou na montanha,
Ele o pulverizou.

240. ORAÇÃO A DEUS PAI NA VIGÍLIA DE PENTECOSTES
Thomas Merton
Cristianismo

Hoje, Pai,
este céu azul te louva.
As delicadas flores verdes
e as alaranjadas das árvores te louvam.
As colinas azuis distantes te louvam
juntamente com a aragem de suave perfume
repleto de luz brilhante.
Os insetos voltejantes te louvam.
Também o gado te louva
e as codornizes que assoviam a distância.
E eu, Pai, te louvo
com todos esses meus irmãos,
e eles expressam o que vai no meu coração
e no meu silêncio.
Somos, todos, um só silêncio
e uma diversidade de vozes.

241. VEM, MEU AMADO
Judaísmo

Vem, meu amado, ao encontro da esposa:
acolhamos a Festa do Sábado.
"Observa" e "recorda" numa só palavra
o Deus único nos fez ouvir:
o Senhor é Uno e seu Nome é uno
por fama, por honra e por louvor.
Vamos ao encontro da festa sabática,

vamos, porque é a fonte da bênção;
consagrada desde o princípio, desde as origens,
final da obra, mas início no pensamento.
Santuário de reis, cidade real,
surge, sai da obscuridade:
Permaneceste bastante no vale do pranto
e ele ainda terá piedade de ti.
Sacode o pó, surge,
veste tuas esplêndidas vestes, povo meu.
Graças ao filho de Isaí, o belemita,
aproximou-se de mim a redenção.
Desperta, desperta, porque chegou a tua luz:
levanta-te e resplandece.
Desperta, desperta, entoa um canto:
em ti se revelou a glória do Senhor.
Não te envergonhes nem enrubesças:
por que te agitas e por que estás perturbada?
Em ti confiarão os pobres do meu povo
e a cidade será reconstruída sobre suas ruínas.
Aqueles que te despojaram serão despojados
e se afastarão todos os teus depredadores:
O teu Deus se alegrará de ti
como um esposo se alegra por sua esposa.
Estender-te-ás à direita e à esquerda
e adorarás o Senhor:
graças a um homem descendente de Perez,
nos alegraremos e exultaremos.
Vem em paz, coroa do teu esposo,
na alegria e no júbilo:
em meio aos fiéis do povo-tesouro,
vem, esposa, vem, esposa.

Vem, meu amado, ao encontro da esposa:
acolhamos a Festa do Sábado.

242. OUVE
Tomás de Kempis
Cristianismo

Ouve, homem impaciente,
o que procuras não está longe,
mas está dentro de ti.
Deixa, pois, de procurar fora,
entra em ti mesmo,
pois somente assim poderás encontrar o Cristo.
Agora, prepara-lhe a morada,
cuida que seja o leito nupcial o teu coração,
pois é ali que Cristo encontra seu jardim de delícias.
Longe do ruído do mundo,
longe dos apelos da carne,
longe do demônio,
fica no silêncio mais completo
e fala com ele.
Quanta piedade,
quanta doçura nasce numa alma sedenta
de receber no íntimo a visita do Senhor!
Quantos benefícios recebe
quem está tão perto de Cristo!
E quanta felicidade terá ao contemplar
aquele que é o mais perfeito!
Toma-me, ó Senhor,
e liberta-me das cadeias que me prendem.

243. COMO UM PÁSSARO EM ALTO-MAR
Kulasekhara Alvar
Hinduísmo

Sou como um pássaro
em alto-mar.
Onde pode encontrar descanso,
senão no mastro do navio?
O litoral está longe
em lugar nenhum.
Da mesma forma, meu Deus,
onde poderia eu encontrar salvação
senão aos teus santos pés?

244. ORAÇÃO DIANTE DO CRUCIFIXO
Francisco de Assis
Cristianismo

Ó glorioso Deus altíssimo,
iluminai as trevas do meu coração,
concedei-me uma fé verdadeira,
uma esperança firme e um amor perfeito.
Dai-me, Senhor, o reto sentir e conhecer,
a fim de que possa cumprir o sagrado encargo
que na verdade acabais de dar-me. Amém.

245. Ó MEU AMADO
Dhû'l-Nûn
Islã

Ó Deus, diante das pessoas te invoco:
Ó meu Senhor!
Mas na solidão te chamo:
Ó meu Amado!

246. NA INTIMIDADE DE DEUS
Agostinho de Hipona
Cristianismo

Viva Você em mim, Deus santo.
Eu não gostaria senão de estar presente e viver através de Você.
Quero deixar-me, libertar-me.
Eu gostaria de abrir-me
e manter-me a mim mesmo aberto diante de Você e para Você.
Atue de tal modo em mim que Você seja minha vida.
Seja em torno de mim de tal maneira que Você seja o meu mundo.
Penetre-me de tal modo
que eu chegue a ser pouco importante e permaneça apenas Você.
Ó verdade maravilhosa! Seja a luz de meu coração.
Perdi-me no terreno,
e transformei-me a mim mesmo em obscuridade.
Equivoquei-me, e lembrei-me de Você.
Percebi sua voz atrás de mim, voz que me chamou a voltar,
mas mal pude escutá-la por causa do ruído e da falta de paz.
E agora aqui estou eu!
Volto à sua fonte, ardendo de calor e sem respiração.

Ninguém nem nada pode mo proibir.
Vou beber dela e por ela encontrar minha vida autêntica.
Minha vida não serei eu mesmo.
Experimentei o mal de mim mesmo,
eu próprio transformei-me em morte.
Mas agora já vivo em Você.
Dirija-se a mim, Senhor, fale-me e preencha-me.

247. EM TUA CASA
Kabir
Islã

Muito me rio ao ouvir que o peixe na água
está sedento:
Não vês que o Real se encontra em tua casa,
e erras de bosque em bosque, desatento!
A verdade está aqui! Vai onde quiseres,
a Benares ou a Mathura: se não encontras
tua alma, o mundo para ti será sempre irreal.

248. BEBER
Carlos Rodrigues Brandão
Cristianismo

Vê essa concha? São tuas mãos.
Aperta os dedos com jeito,
Mas que um pouco de água te escape.

Antes de tomar dá de beber
a um grão do pó do chão, a um inseto
a uma folha seca, a um galho de canela
a um mito de outros povos, a um duende
a um fio do vento, a um ar do sol
a uma criança e a um velho.
E depois bebe.
O que sobrou é tua parte.
Bebe.

249. OH MÃE, MEU CORAÇÃO ESTÁ PARTIDO
Ramprasad Sem
Hinduísmo

Oh mãe, meus desejos permanecem não realizados,
minhas esperanças se desvanecem,
e minha vida aponta já para o fim.
Mãe, quero te invocar pela última vez.
Vem, toma-me em teus braços.
Ninguém ama neste mundo,
este mundo não sabe o que é o amor.
Meu coração deseja, oh mãe,
pela região do puro amor.
Depois de amargas lutas,
renunciei à minha cobiça;
depois de sofrimentos terríveis
livrei-me de minhas ansiedades.
Chorei lágrimas amargas
e agora não tenho mais lágrimas.
Oh mãe, meu coração está partido.

250. TIVE A CAÇA AO ALCANCE

João da Cruz
Cristianismo

Após amoroso lance
e não de esperança falto
voei tão alto, tão alto
que tive a caça ao alcance.

Para que eu alcance desse
a este lance divino,
alto voei, peregrino,
que da vista me perdesse;
e contudo neste transe
no voo quedei-me falto,
mas o amor foi tão alto
que tive a caça ao alcance.

Quanto mais alto subia
deslumbrava-se-me a vista,
e esta mais forte conquista
na escuridão se fazia;
mas por ser de amor o lance
dei um cego e escuro salto,
e fui tão alto, tão alto,
que tive a caça ao alcance.

Quanto mais alto chegava
neste lance tão subido,
tanto mais baixo e vencido
tão abatido me achava;
disse: não há quem alcance!
E abati-me, tanto, tanto,

que fui tão alto, tão alto,
que tive a caça ao alcance.

Por uma estranha mudança
mil voos num passei eu,
pois esperança de céu
quem espera mais alcança;
esperei só este lance,
e em esperar eu não fui falto,
que tive a caça ao alcance.

251. NO FUNDO DO VALE PASSA UM RIO
Omar Khayyan
Islã

Quando a dor te abater
e quando já não mais tiveres lágrimas,
Lembra-te do verdor que se espalha
depois que a chuva se acaba.
Quando o brilho do dia te cansar
e ansiares pela noite,
Pensa no despertar de uma criança
e espanta a tua angústia.

252. HINO A DEUS

Gregório Nazianzeno
Cristianismo

Ó Tu, o além de tudo,
Como te dar outro nome?
Que hino pode cantar-te?
Não há palavra que te expresse.
Que espírito te apreende?
Não há inteligência que te conceba.
Só Tu és inefável;
tudo o que é dito, de ti é que saiu.
Celebram-te todos os seres,
os que falam e os que são mudos.
Prestam-te homenagem todos os seres,
os que pensam e os que não pensam.
A ti aspiram o desejo universal
e o gemido de todos.
Tudo o que existe te invoca,
e todo ser que em teu universo sabe ler,
a ti eleva um hino silencioso.
Tudo o que permanece, só em ti permanece.
O movimento do universo em ti se finda.
De todos os seres, Tu és o fim.
Tu és o único.
Tu és cada um, e não és nenhum.
Não és um só ser, tampouco o conjunto.
Tens todos os nomes:
como te chamarei?
És o único a quem não se pode nomear;
que espírito celeste poderá penetrar as nuvens,
que velam o próprio céu?
Tu, o além de tudo, oh! tem piedade;
como chamar-te por outro nome?

253. DEUS, CONDUZA-ME
Tirmidhi
Islã

Deus,
conduza-me no caminho correto
e livre-me do mal
que está em meu próprio interior.

254. PRESENÇA REAL
Teilhard de Chardin
Cristianismo

Pleno da seiva do mundo,
subo para o Espírito que me sorri
para além de toda conquista,
vestido com o esplendor concreto
do universo.
E eu não saberia dizer,
perdido no mistério da carne divina,
qual é a mais radiosa
destas duas bem-aventuranças:
ter encontrado o Verbo
para dominar a matéria,
ou possuir a matéria para alcançar
e submeter-me à luz de Deus.
Fazei-me, Senhor, que, para mim,
A vossa descida sobre as espécies universais
não seja apenas amada e apreciada
como o fruto de uma especulação filosófica,
mas que ela se torne verdadeiramente
uma presença real.

255. NADA MAIS DO QUE PRATICAR O DIREITO
Miqueias 6,8
Judaísmo

Já te foi revelado, ó ser humano, o que é bom
e o que o Senhor exige de ti:
nada mais do que praticar o direito,
amar a bondade
e caminhar humildemente com teu Deus!

256. QUE DE TODA PARTE BRILHE O VOSSO ROSTO
Teilhard de Chardin
Cristianismo

Senhor, nós sabemos e pressentimos
que vós estais em toda parte
envolvendo-nos.
Mas parece existir um véu nos nossos olhos.
Fazei que de toda parte
brilhe o vosso rosto.

257. O BEM-AMADO É COMO A VELA

Rûmî

Islã

A razão é como uma mariposa
e o Bem-amado como a vela.
Quando a mariposa lança-se
contra a chama,
é queimada e destruída.
Mas a mariposa,
mesmo queimada e torturada,
não consegue afastar-se da chama.
Se há um ser vivo,
como a mariposa,
que se apaixona pela chama da vela
e se lança contra ela,
também é uma mariposa.
Se a mariposa se lança contra a chama da vela
mas não se queima,
a vela não é uma vela.
Assim, o homem que não se apaixona por Deus
e não faz esforços para chegar até Ele,
não é um homem.
Se pudesse apreendê-lo,
esse ser não seria Deus.

258. A QUEM CONSAGREI MINHA VIDA
Dag Hammarskjöld
Cristianismo

Tu que eu não conheço
Mas a quem eu pertenço.
Tu que eu não entendo
Mas a quem consagrei minha vida.
Tu.

259. BUSCO NO SILÊNCIO UMA RESPOSTA
Riokan
Budismo

De onde vem a minha vida?
Para onde vou depois da morte?
Sentado em meditação, junto à janela,
Busco no silêncio uma resposta.
Em vão refleti sobre a origem
E sobre o fim da vida.
Mesmo o presente é um mistério;
Todas as coisas transformam-se no vazio;
As minhas afirmações não têm valor.
Não permanece nada senão o desejo
De viver em paz, aceitando o meu destino.

260. MEU DEUS E MEU TUDO
Tomás de Kempis
Cristianismo

Vós sois o meu Deus e o meu tudo!
Que mais eu quero
e que felicidade maior
posso desejar?
Ó palavra suave e deliciosa!
Mas apenas para quem ama a Deus
e não o troca pelo mundo
com todas as suas coisas.
Meu Deus e meu tudo!
Para quem a entende
basta esta palavra,
e quem ama acha uma delícia
repeti-la continuamente.
Porque, quando estais presente,
tudo é agradável,
mas se vos ausentais,
tudo perde o seu encanto.
Vós dais ao coração tranquilidade,
grande paz e calorosa alegria.
Vós fazeis que julguemos bem
de todos e em tudo vos bendigamos.
Sem vós nenhuma coisa
pode agradar-vos por muito tempo;
mas para ser agradável e saborosa,
é necessário que vossa graça
esteja presente e que a tempere
o condimento da vossa sabedoria.

261. O SEMBLANTE DO AMADO
Diwan Muhammad Ibn Al-Habib
Islã

O semblante do amado apareceu
e brilhou nos raios da manhã.
Sua luz penetrou meu coração,
e eu me inclinei em temor.
Ele disse: "Levante-se e peça alguma coisa.
Tu deves receber tudo o que desejas".
Eu respondi: "Tu, Tu és o meu suficiente.
Sem ti não posso viver".
Ele disse: "Boas notícias para ti, meu servo!
Alegra-te em uma visão.
És um tesouro para meus servos.
És um marco de recordação para a humanidade.
Todo o bem e todo belo nos homens
tem sua raiz em mim.
Escondidos estavam os atributos de meu ser,
mas eles se revelam nas pegadas da criação.
Toda a existência criada é sentido,
que toma forma em imagem.
Quem isto entende
pertence àqueles que compreendem.
Quem estiver separado de nós,
não saboreia a doçura da vida".
Nosso Senhor, abençoe,
cuja luz se expande sobre toda a humanidade.

262. NA TUA VONTADE ESTÁ NOSSA PAZ

Thomas Merton
Cristianismo

Onipotente e misericordioso Deus,
Pai de todos os homens,
criador e dominador do universo,
Senhor da história,
cujos desígnios são imperscrutáveis,
cuja glória é sem mancha,
cuja compaixão pelos erros dos homens é inexaurível,
na tua vontade está nossa paz!

Na tua misericórdia, ouve
esta oração que sobe a ti
do tumulto e do desespero
de um mundo que se esqueceu de ti,
no qual teu nome não é invocado,
tuas leis são ridicularizadas
e tua presença é ignorada.
Não te conhecemos e, assim, não temos paz.

Concede-nos prudência proporcional ao nosso poder,
sabedoria proporcional à nossa ciência,
unidade proporcional à nossa riqueza e vigor.

E abençoa nossa vontade
de ajudar todas as raças e povos a caminhar,
em amizade conosco,
pela estrada da justiça,
da liberdade e da paz perene.

Mas concede-nos, sobretudo,
compreender que nossos caminhos

não são necessariamente os teus caminhos,
que não podemos penetrar plenamente
o mistério dos teus desígnios,
e que a própria tempestade de poder
que agora cresce nesta terra
revela a tua secreta vontade
e a tua imperscrutável decisão.

Concede-nos ver o teu rosto
à luz desta tempestade cósmica,
ó Deus de santidade, misericordioso com os homens.

Concede-nos encontrar a paz
onde ela realmente pode ser encontrada:
na tua vontade, ó Deus, está a nossa paz!

263. NÃO HÁ PALAVRAS
Corão 31,27
Islã

Ainda que todas as árvores da terra
se convertessem em cálamos
e o oceano em tinta,
e se lhes fossem somados mais sete oceanos,
isso não bastaria para escrever
as inexauríveis palavras de Deus,
porque Ele é poderoso.

264. ORAÇÃO AO DEUS DESCONHECIDO
Friedrich Nietzsche
Cristianismo

Mais uma vez,
antes de pro-seguir
e lançar meu olhar para a frente,
só – elevo minhas mãos –, a ti,
objeto da minha fuga,
a quem, das profundezas de meu coração,
tenho dedicado altares festivos,
para que, em cada momento,
tua voz me possa chamar.
Sobre esses altares estão gravadas em fogo
estas palavras: "Ao Deus desconhecido".
Seu, sou eu, embora até o presente
tenha me associado aos sacrílegos.
Seu, sou eu, não obstante os laços
que me puxam para o abismo.
Mesmo querendo fugir,
sinto-me forçado a servi-lo.
Eu quero te conhecer, desconhecido,
Tu, que me penetras a alma e,
qual turbilhão, invades a minha vida.
Tu, o incompreensível, mas meu semelhante,
quero te conhecer, quero servir só a ti.

265. AO DEUS DA ESPERANÇA
Judaísmo

Ó Senhor nosso Deus, infunde em nós
o amor e o respeito pela tua obra maravilhosa.
Faze com que cada criatura se incline diante de ti,
faze com que todos procedam com o coração puro
para que enfim se cumpra a tua vontade,
pois tua é a terra, teu o poder,
a força e o amor para o qual tudo criaste.
Ó Senhor, dá honra a teu povo
e dá glória a todos os que temem a ti.
Dá esperança àqueles que de ti se aproximam com amor.
Concede a liberdade de falar
a todos aqueles que em ti confiam.
Dá alegria à tua terra
e à tua cidade Jerusalém.
Faze florescer o poder de Davi, teu servo;
faze com que a tua luz
volte a resplandecer em nossos dias.
E então os justos verão e jubilarão.
Estarão alegres os honestos
e os virtuosos exultarão.
Então o ódio desaparecerá do mundo.
Toda impiedade se dissipará como a fumaça,
porque Tu farás com que o mal desapareça da terra.

266. PELO VOO DE DEUS QUERO ME GUIAR

Jorge de Lima
Cristianismo

Não quero aparelhos
para navegar.
Ando naufragado,
ando sem destino.
Pelo voo dos pássaros
quero me guiar.
Quero tua mão
para me apoiar,
Pela tua mão
quero me guiar.
Quero o voo dos pássaros
para navegar.
Ando naufragado,
quero teus cabelos
para me enxugar!
Não quero ponteiro
para me guiar.
Quero teus dois braços
para me abraçar.
Ando naufragado,
Quero teus cabelos
para me enxugar.
Não quero bússolas
para navegar,
quero outro caminho
para caminhar.
Ando naufragado,
ando sem destino,
quero tua mão
para me salvar.

267. EU NADO EM TI
Rûmî
Islã

Tu és o mar e eu nado em ti,
como um peixe;
Tu és o deserto que eu percorro,
como uma gazela.
Preenche-me com o teu respiro.
Sem ele não posso viver,
porque eu sou o teu oboé.
E ecoo...

Quando estás comigo, o amor não me deixa dormir.
Quando não estás, as lágrimas não me deixam dormir.

268. SOLIDÃO SONORA
Thomas Merton
Cristianismo

Quanto mais adentro na solidão,
tanto mais claramente vejo
a bondade de todas as coisas.
Para poder viver feliz em solidão,
tenho de ter um conhecimento
cheio de compaixão a respeito
da bondade dos outros,
um conhecimento reverente
sobre a bondade da criação inteira,
um conhecimento humilde
da bondade de meu próprio corpo
E de minha alma

269. NÃO ME PREOCUPO COM O LOUVOR DOS OUTROS
Riokan
Budismo

Desde quando cheguei a este lugar
muitos anos se passaram.
Quando estou cansado, descanso;
quando estou bem, pego as sandálias e caminho.
Não me preocupo com o louvor dos outros,
nem me lamento de seu desprezo.
Com este corpo, recebido dos pais,
abandono-me ao meu destino,
alegremente.

270. CACTOS FLORESCENDO NA NOITE
Thomas Merton
Cristianismo

Quando desperto
Alimento minha súbita eucaristia
Com a insondável alegria da terra.
Puro e pleno, obedeço ao espírito do cosmos,
Complexo e íntegro,
Mais que arte sou paixão arrebatada,
Profundo e excelso prazer
Das águas essenciais,
Sacralidade da forma
E regozijo da substância:
Sou a suma pureza
Da sede virginal.

271. ORAÇÃO PARA COMEÇAR UMA VIAGEM
Oração judaica
Judaísmo

Possa ser tua vontade,
eterno, nosso Deus e Deus de nossos pais,
nos acompanhar em paz,
nos deixar caminhar em paz,
nos conduzir em paz
e nos fazer chegar ao destino por nós desejado,
para a vida, para a alegria, para a paz;
e assim nos salvar da mão de qualquer inimigo,
de qualquer um que nos possa espreitar no caminho,
e de toda forma de horror
que pode aparecer no mundo;
e derrame bênçãos para o trabalho de nossas mãos,
e nos faça encontrar favor, graça e misericórdia
a teus olhos e aos olhos de todos os que nos olharem;
e ouça a voz de nossa súplica,
pois Tu és Deus que ouves a oração e a súplica.
Louvado sejas Tu, eterno, que ouves as orações.

272. A LUZ DO SOL
Nicolau de Cusa
Cristianismo

Quando os nossos olhos
procuram ver a luz do sol,
que é a sua face,
veem-na primeiro

veladamente nas estrelas,
nas cores
e em todas as coisas
que participam da sua luz.
Porém, quando se esforçam
por a ver de modo descoberto,
superam toda a luz visível,
pois toda essa luz é inferior
àquela que procuram.

273. NÃO ME ESQUEÇAS!
T.L. Vaswani
Hinduísmo

Ó, não me esqueças, quando eu te esqueço!
Não me esqueças,
mas mantém-me distante de conflitos e febres
da vida ao meu redor.
Não me esqueças,
mas ouve minhas expectativas cheias de temor
e me abençoa, Mestre!
Para que nesta solidão
não venha eu sucumbir a este mundo barulhento!
Não me esqueças em minhas jornadas
na proximidade ou na distância.
Mas me conduz
de forma segura pelos perigos do caminho,
para que eu possa encontrar minha pátria
aos teus pés de lótus!

Não me esqueças, ó silencioso!
Mas me conduz avante em meu caminho
e me deixa te servir sem temor!
Nestas lutas e necessidades,
neste temor de minha solidão, ó Mestre!
Não me esqueças!
Estou perdido – mas te procuro!
Pequei – mas desejo tua face!
Caí – mas quando estava subindo a ti!
Meu mestre e meu Senhor, meu líder e meu libertador!
Não me esqueças!

274. UM NOVO DIA ESTÁ DIANTE DE NÓS
Walter Rauschenbusch
Cristianismo

Mais uma vez um novo dia está diante de nós, nosso Pai.
Ao sairmos para o nosso trabalho,
e ao tocarmos com as nossas mãos
as mãos e a vida de nossos companheiros,
faze de nós, pedimos-te,
amigos de todo o mundo.
Salva-nos de entristecer um coração
com uma palavra de raiva
ou com um ódio secreto.
Que não arranhemos o amor-próprio de ninguém
com nosso desprezo ou malícia.
Ajuda-nos a alegrar, com o nosso afeto,
aqueles que estão sofrendo;

a animar os que estão abatidos, com a nossa esperança,
e a fortalecer em todos
o sentido do valor e da alegria da vida.
Salva-nos do veneno mortal da arrogância de classe.
Permite que possamos olhar todas as pessoas face a face,
com os olhos de um irmão.
Se alguém necessitar de nós,
permite que o ajudemos sem relutância, se for possível.
E que possamos nos alegrar
porque temos em nós este dom
de servir os nossos companheiros.

275. SONHOS
Saul Tschernikowsky
Judaísmo

Dê risadas, risadas de todos os sonhos
que sonhei para o sonhador,
pois creio no humano –
pois creio em ti.
E mesmo assim minha alma suspira pela libertação,
não traída por um bezerro de ouro,
pois eu acredito no humano,
na força de seu espírito.
Dê risadas, pois eu ainda sempre acredito em amigos,
e, sim, acharei uma alma,
que partilhe comigo minha esperança
que participe de minha alegria e de minha dor.
Mesmo que possa estar distante,
e eu creio em um futuro

em que um povo irá louvar outro
e andar em paz no seu caminho.
Também meu povo irá de novo florescer.
Gerações irão surgir,
e irão jogar fora os grilhões de ferro,
e irão contemplar uma nova luz.

276. HINO AO AMOR
Paulo de Tarso (1ª Coríntios 13,1-7)
Cristianismo

Se eu falar as línguas de homens e anjos,
mas não tiver amor,
sou como bronze que soa ou tímpano que retine.
E se possuir o dom da profecia,
conhecer todos os mistérios e toda a ciência
e tiver tanta fé que chegue a transportar montanhas,
mas não tiver amor, nada sou.
E se eu repartir todos os meus bens entre os pobres
e entregar meu corpo ao fogo,
mas não tiver amor, nada disso me aproveita.
O amor é paciente,
o amor é benigno,
não é invejoso;
o amor não é orgulhoso,
não se envaidece;
não é descortês,
não é interesseiro,
não se irrita,
não guarda rancor;
não se alegra com a injustiça

mas se regozija com a verdade;
tudo desculpa,
tudo crê,
tudo espera,
tudo suporta.

277. EM SITUAÇÃO DE PENSAMENTOS E IMPULSOS RUINS
Bukhari
Islã

Em Deus procuro proteção diante do poder do mal.
Creio em Deus e em seus enviados.
E nos momentos de raiva:
Eu procuro proteção em Deus,
diante do poder condenado do mal.

278. UMA PAZ INEFÁVEL
Thomas Merton
Cristianismo

Só existe um desejo:
encontrar a terra prometida
e a liberdade de um puro amor
sem preocupação com outra coisa
a não ser o amor –
isto é, sem preocupação
com outra coisa
senão com a pureza de Deus,
sua vontade e a sua glória.

Que eu seja levado
para uma paz inefável,
não para um estado esotérico,
mas para a realidade viva
de um amor que seja contemplação
e ação, que se apegue a Deus
e abrace nele o mundo todo,
em paz, em unidade.

279. SENTEI A NOITE INTEIRA E ESPEREI
Mirabai
Hinduísmo

Meu sono foi quebrado, ó amigo;
sentei a noite inteira e esperei
pelo meu querido.
Todos os amigos
anunciaram palavras sábias.
Meu coração não acolheu a nenhuma delas.
Estou inquieto enquanto não o vejo;
mas meu coração não guarda rancor.
Meus membros são fracos e impacientes;
meus lábios chamam por meu querido,
meu querido.
Ninguém entende a dor da separação
em meu coração.
Sou como um pássaro da chuva, que fica chamando por
    nuvens,
como um peixe, ávido por água.
Estou transtornado e desconsolado.
Totalmente fora de mim.

280. QUÃO ADMIRÁVEL É A TUA FACE
Nicolau de Cusa
Cristianismo

Senhor, quão admirável é a tua face,
que, se um jovem a quisesse conceber,
representá-la-ia como jovem,
um adulto como adulto,
um velho como velho.
Quem poderia conceber
este modelo único,
sumamente verdadeiro e
adequado, de todas as faces,
que o é tanto de todas
como de cada uma
e o é tão perfeitissimamente
de uma como se não o fosse
de nenhuma outra?
Seria necessário transcender
as formas de todas as faces formáveis
e de todas as figuras.

281. MEU OLHAR FIXO NA ETERNIDADE
Rûmî
Islã

Ó Tu, que consolas meu coração
no tempo da dor!
Ó Tu, que és o tesouro de meu espírito
na amargura da ausência!

Aquilo que a imaginação não concebe,
o que o entendimento não viu,
a partir de ti visita minha alma;
por isso me volto a ti em adoração.
Por tua graça mantenho meu olhar amoroso
fixo na eternidade.

282. ORAÇÃO DE QUEM SE SENTE ABANDONADO
Søren Kierkegaard
Cristianismo

Pai celestial. Como é grande o teu Reino infinito!
Tu, que equilibras as esferas dos céus
e governas as forças do mundo na imensidade dos espaços:
incontável como a areia é o número daqueles
que só pelo teu poder vivem e existem.
E, no entanto, Tu escutas cada grito;
Tu escutas o grito de todos os homens,
não na ondulante e mutável confusão
nem como se Tu os discriminasses.
Tu não ouves somente a voz de quem tem
a responsabilidade sobre muitos e em cujo nome poderia orar,
porque estaria mais perto de ti, já que está no alto;
não ouves somente a voz de quem reza
pelas pessoas amadas
como se pudesse em particular desviar a tua atenção,
já que tem a vantagem de ter muitas pessoas amadas:
não, Tu escutas o mais miserável dos homens,

o mais abandonado, o mais solitário no meio da multidão.
E mesmo que o esquecimento o tivesse separado dos outros,
mesmo que fosse ignorado pela massa,
Tu o conheces, Tu não o esqueceste.
Tu lembras o seu nome,
Tu sabes onde ele está escondido,
tanto no deserto como na multidão;
mesmo que esteja mergulhado
nas trevas mais profundas da angústia,
oprimido por horrendos pensamentos,
abandonado até pela língua que eles falam.
Tu não o esqueces,
Tu compreendes a sua língua:
como o som, como o relâmpago, sabes logo
encontrar o caminho para ir até ele.
E se Tu tardas, não é por preguiça mas por sabedoria.
Não por preguiça, mas porque só Tu conheces
a velocidade do teu auxílio:
se tardas, não é em razão de avareza mesquinha,
mas pela parcimônia de um Pai
que guarda para o filho a melhor coisa
no lugar seguro e para o momento mais oportuno.
Senhor nosso Deus,
a ti clama o homem no dia da tribulação,
e ele te agradece no dia da alegria.

283. Ó SONO, QUERO TE VENDER
Lachi Rama
Hinduísmo

Ó sono, quero te vender,
se achasse um comprador.
O Senhor visitou minha casa,
e quando me viu cochilando
me abandonou. Que dor!
Ó sono, causador de desgraças!
Eu perdi o maior tesouro,
que jamais poderia possuir.
Digo: Ó Senhor,
se um dia te encontrasse
em meus olhos, iria te aprisionar.

284. UM FOGO QUE SEMPRE ARDE
Catarina de Sena
Cristianismo

Ó amor sem preço, doce amor, chama eterna!
És um fogo que sempre arde, altíssima Trindade!
És um Deus reto, sem nenhum desvio;
sincero, sem nenhuma duplicidade;
livre, sem nenhum fingimento.
Fixa teu olhar misericordioso sobre a humanidade.
Sei que a misericórdia te pertence.
Para qualquer lado que eu olhe,
só encontro a tua misericórdia.
Por isso apresso-me a clamar
diante da tua misericórdia,
para que a uses para com o mundo.

285. PERTO DE TI
Yunus Emré
Islã

De novo, vi teu rosto
De novo, meu coração ardeu.
O fogo do teu amor, amigo,
Incendeia meu coração angustiado.

Quem vê teus traços nobres,
Quem dá a ti seu coração,
Quem fica perto de ti
Nunca está cansado.

Tua palavra é joia para ele,
E teu rosto, o sol!
Tuas palavras são mais doces que o açúcar,
Quem te vê fica fascinado!

Minha alma era desolação,
Meu fígado, carne grelhada!
Na esperança de teu belo rosto,
Todo o meu ser estava magnificado.

Yunus, sem paz e sem repouso,
Imaginou teu rosto,
Ele se aproximou, ele te viu,
Não fugiu, queimou.

286. ORAÇÃO PELA UNIDADE DE TODOS OS FIÉIS DO MUNDO

Nicolau de Cusa
Cristianismo

Tu te revelaste, Senhor, como invisível:
Tu és um Deus oculto e inefável.
Mas surges visível em todo ser:
a criatura é a menina de teus olhos.
O teu olhar manifesta o ser, ó meu Deus,
Tu és visível na criatura.
Sou incapaz de te dar um nome,
estás além do limite de toda humana definição.
Socorre os filhos do homem!
Tu és venerado por eles numa grande diversidade de figuras,
e és para eles causa de guerras religiosas.
Apesar disso, eles te desejam, único bem,
ó Inefável e sem nomes.
Não permaneças sob o véu, mostra o teu rosto
e seremos salvos.
Atende o nosso pedido:
a espada e o ódio vão desaparecer,
encontraremos a unidade na diversidade.
Tem piedade, Senhor, a tua justiça é misericórdia,
tem piedade de nós, frágeis criaturas.

287. ESCOLHE, POIS, A VIDA
Deuteronômio 30,19-20
Judaísmo

Cito hoje o céu e a terra como testemunhas contra vós,
de que vos propus a vida e a morte, a bênção e a maldição.
Escolhe, pois, a vida para que vivas com tua descendência,
amando o Senhor teu Deus,
escutando sua voz e apegando-te a ele.
Pois isto significa vida para ti
e tua permanência estável sobre a terra
que o Senhor jurou dar a teus pais, Abraão, Isaac e Jacó.

288. FAZE-ME AMAR GRAÇAS À PRESENÇA
Charles de Foucauld
Cristianismo

Meu Deus,
dá-me o constante indício de tua presença,
de tua presença em mim e ao meu redor...
e, ao mesmo tempo, o amor repleto do temor
que se experimenta na presença de tudo aquilo
que se ama apaixonadamente,
e que nos permite permanecer
diante da pessoa amada,
sem dela poder afastar os olhos,
com o grande desejo
e a vontade
de fazer tudo o que lhe agrade,
tudo o que é bom para ela;
e com o grande temor de fazer,

dizer ou pensar
alguma coisa que lhe desagrade ou a fira...
Em ti, por ti e para ti.
Amém.

289. COMO O SOL
Rûmî
Islã

O Amado resplandece como o sol
e o enamorado dança como um átomo.
Quando sopra a brisa primaveril do amor,
todo ramo, que não esteja seco,
põe-se a dançar.

290. NO MOMENTO DA DOR
Søren Kierkegaard
Cristianismo

Senhor, nosso Deus,
Tu conheces nossa dor
melhor do que nós mesmos a conhecemos.
Tu sabes que a alma amedrontada
facilmente cai em preocupações inoportunas,
simplesmente imaginárias.
Nós te pedimos que nos dês luz
para penetrar a intempestividade e o orgulho
e desprezar as dores
que nós criamos com nossa agitação.

Mas a dor que Tu mesmo nos impões,
dá-nos a graça de recebê-la humildemente de tua mão,
e a força de suportá-la.

291. DEUS, TU CONHECES O ESCONDIDO
Nasa'i
Islã

Deus, Tu conheces o escondido
e tens poder sobre toda a criação.
Deixa-me viver quanto tempo pensares
que viver é melhor para mim;
e deixa-me morrer,
assim que pensares que morrer é melhor para mim.
Deus, peço-te por uma justa atenção diante de ti,
tanto em minha vida privada como na pública.
Por isso te peço
que me concedas falar palavras corretas
tanto quando estiver alegre como quando estiver zangado.
Eu te peço poder manter sempre a justa medida
tanto em situação de pobreza como na de bem-estar.
Eu te peço por alegria que não acabe
por consolo que não seja interrompido
e que eu esteja satisfeito com tuas decisões.
Eu te peço paz na vida após a morte,
a felicidade de poder ver a tua face
e o desejo de te encontrar
sem lamento ou dor,
sem provação ou tribulação.
Deus, enfeite-nos com o enfeite da fé
e torne-nos pessoas que conduzam
e sejam conduzidas corretamente.

292. TUA TERNURA
Ernesto Cardenal
Cristianismo

No centro de nosso ser
não somos nós,
mas outro.
Se o ferro do meu sangue
é o mesmo dos trilhos,
meu cálcio o dos alcantilados
onde está Deus meu
este eu meu que te ama?
Parte de tua ternura, eu sinto,
são estas partículas que eu tenho.
Doçura de saber que me fizeste.
Deus dos números absurdos,
do dementemente grande
e do dementemente pequeno.
Se é infinito
também será infinita loucura
espontaneidade infinita.
Que um dia Tu e eu nos acariciemos
como o fazem com olhos cerrados
gemendo os amantes,
num lugar infinito
e numa data eterna
mas tão real como dizer
esta noite às oito.

293. QUEM TEM PIEDADE DE NÓS?
Rig-Veda X, 64,1-2
Hinduísmo

Quem tem piedade de nós,
quem refresca nossa cabeça,
quem vem em nosso auxílio?
Os pensamentos e as pretensões movem-se no coração;
os desejos procuram em todos os lugares,
eles fervilham pelo mundo afora;
ninguém além de Vós é misericordioso:
meus desejos e minha esperança
elevam-se aos deuses.

294. POR ESTE MUNDO
Walter Rauschenbusch
Cristianismo

Ó Deus, nós te damos graças
por este universo, nosso lar;
pela sua vastidão e riqueza,
pela exuberância da vida que o enche
e da qual somos parte.
Nós te louvamos
pela abóbada celeste e pelos ventos,
grávidos de bênçãos,
pelas nuvens que navegam
e pelas constelações, lá no alto.

Nós te louvamos pelos oceanos,
pelas correntes frescas,
pelas montanhas que não se acabam,
pelas árvores,
pelo capim sob os nossos pés.
Nós te louvamos pelos nossos sentidos:
poder ver o esplendor da manhã,
ouvir as canções dos namorados,
sentir o hálito bom das flores da primavera.
Dá-nos, rogamos-te,
um coração aberto a toda esta alegria
e a toda esta beleza,
e livra as nossas almas da cegueira
que vem da preocupação
com as coisas da vida
e das sombras das paixões,
a ponto de passar sem ver e sem ouvir
até mesmo quando a sarça,
ao lado do caminho,
se incendeia com a glória de Deus.
Alarga em nós o senso da comunhão
com todas as coisas vivas,
nossas irmãs,
a quem deste esta terra por lar,
a elas juntamente conosco.

295. A CHAMA DESSE AMOR
Rûmî
Islã

Moro na transparência desses olhos,
nas flores do narciso, em seus sinais.

Quando a Beleza fere o coração,
a sua imagem brilha, resplandece.
O coração, enfim, rompe o açude
e segue velozmente rio abaixo.

Move-se generoso o coração,
ébrio de amor, em sua infância, e salta,
inquieto, e se debate; e quando cresce,
põe-se a correr de novo, enamorado.

O coração aprende com seu fogo
a chama imperturbável desse amor.

296. ORAÇÃO À TRINDADE
Catarina de Sena
Cristianismo

Espírito Santo,
vem ao meu coração
e atrai-me a ti pelo teu poder;
dá-me caridade e temor.
Cristo, livra-me de todo mau pensamento
e aquece-me com teu ardentíssimo amor.
Meu Pai, santo e bondoso, meu Senhor,
ajuda-me em todo trabalho.

297. SÁBADO

Do ritual judaico: Shaharith
Judaísmo

Bendito és Tu, ó eterno Deus, Rei do universo,
que deste ao galo a inteligência de anunciar a separação do dia e da noite.

Bendito és Tu, ó eterno Deus,
que iluminas os ignorantes e dás a vista aos cegos.

Que libertas da escravidão
e devolves a liberdade aos prisioneiros.

Que ergues os humildes e endireitas os curvados,
que revestes quem não tem o necessário.

Que estendes a terra acima das águas,
e guias a vida do homem.

Que supres as nossas necessidades:
deste a teu povo uma grande força de resistência.

Que coroaste Israel de esplendor,
que não nos fizeste nascer idólatras.

Que nos criaste homens livres;
desfizeste os laços do sono dos nossos olhos e o peso das pálpebras.

298. SE EU PUDESSE TRINCAR A TERRA TODA
Fernando Pessoa
Cristianismo

Se eu pudesse trincar a terra toda
E sentir-lhe um paladar,
Seria mais feliz um momento...
Mas eu nem sempre quero ser feliz
É preciso ser de vez em quando infeliz
Para se poder ser natural...

Nem tudo é dias de sol,
E a chuva, quando falta muito, pede-se.
Por isso tomo a infelicidade como a felicidade
Naturalmente, como quem não estranha
Que haja montanhas e planícies
E que haja rochedo e erva...

O que é preciso é ser-se natural e calmo
Na felicidade ou na infelicidade,
Sentir como quem olha,
Pensar como quem anda,
E quando se vai morrer, lembrar-se de que o dia morre,
E que o poente é belo e é bela a noite que fica...
Assim é e assim seja...

299. NA SUA SOMBRA
Rûmî
Islã

Um dia, um homem chegou diante de uma árvore.
Viu folhas, ramos, frutos estranhos.

A cada um perguntou o que eram essas árvores e esses frutos.
Nenhum jardineiro o compreendeu,
nem sabia o nome da árvore,
nem lhe pôde indicar o que ela poderia ser.
O homem disse a si mesmo:
Se não posso compreender que árvore é essa,
contudo sei que, depois que deitei meu olhar sobre ela,
meu coração e minha alma se tornaram frescos e verdes.
Vou então me colocar a sua sombra.

300. AGRADEÇO-TE
Romano Guardini
Cristianismo

Agradeço-te, Senhor, por respirar
e existir.
Agradeço-te por tudo o que tenho
e me rodeia.
Agradeço-te pelo que comi:
é dádiva tua.
Agradeço-te por me teres permitido
viver e trabalhar hoje,
e sentir alegria;
por ter encontrado esta pessoa,
e ter comprovado a fidelidade daquela.
Agradeço-te por tudo.

301. TU ENCHES O CÁLICE DO VERDADEIRO AMOR
Kabir
Hinduísmo

Ó verdadeiro mestre! Meu coração deseja por ti!
Tu enches o cálice do verdadeiro amor,
primeiro bebes dele e depois o ofereces a mim:
Tu tiras de meus olhos o véu da ignorância
e me concedes a visão de teu verdadeiro ser.
Ressoa dentro de mim,
música, que ninguém pode compor ou tocar.
Os mundos estão em tuas mãos
como pérolas em um rosário.
Alegria ou dor te são indiferentes;
por vezes me dizes palavras de dor,
e então enxugas as lágrimas de minha face
com palavras de bem-aventurança.
Tornar-me um contigo é o que aspiro,
meu mestre, meu Senhor!
O que poderia temer
aquele que conduzes sob o teto protetor de tua casa?

302. TE AMAR
Thomas Merton
Cristianismo

Ó meu Deus,
não estou preocupado com nada;
tudo que sei é que quero te amar.

Quero que meu desejo
desapareça no teu.
Quero ser um único espírito contigo.
Quero me tornar todos os teus desejos
e pensamentos.
Quero viver no centro da tua Trindade
e louvar-te com as chamas
do teu próprio louvor.

303. NA ORAÇÃO, A ALMA ESTÁ EM CASA
Rabino Abraham Jehoschua Heschel
Judaísmo

A oração não é um meio que se possa usar de vez em quando,
nem uma última saída de tempos em tempos.
É muito mais uma morada permanente para o mais íntimo da
 pessoa.
Todas as coisas têm sua casa: o pássaro tem seu ninho,
a raposa tem sua toca e as abelhas tem sua colmeia.
Uma alma sem oração é uma alma sem casa...
Pois no que diz respeito à alma:
A alma sempre se encontra em casa,
lá onde há oração.

304. NO MONTE DA CONTEMPLAÇÃO
Cardeal Martini
Cristianismo

Senhor, nós te seguimos
passo a passo,
sem saber bem para onde Tu queres nos conduzir.
Temos confiança na tua palavra,
e temos confiança que, no monte, Tu te mostrarás,
assim como te mostraste, no monte,
a Pedro, Tiago e João,
como te mostraste no monte a Moisés,
como te mostraste no Monte Calvário.
Concede-nos a graça e a perseverança
de subir o mesmo monte,
sem fadigas,
dando cada passo na certeza
de que foi atraído pelo teu amor,
pela tua verdade. [...]

305. NADA ME ESTÁ MAIS VIZINHO
Rûmî
Islã

Quando busco o meu coração, encontro-o em ti.
Quando busco a minha alma, encontro-a entre os teus cabelos.
Quando sedento, me avizinho a uma fonte para beber,
mesmo no pequeno espelho d'água vejo o teu rosto refletido.

Nada me está mais vizinho do que o Amado,
mais vizinho a mim do que a minha própria alma.
E dele não me recordo jamais,
pois a lembrança existe para quem não está.

306. A EXPERIÊNCIA DE DEUS
Angelus Silesius
Cristianismo

De tal modo Deus tudo ultrapassa, que nada se pode dizer:
Por isso, melhor rezas a ele quando ficas em silêncio [...]

Cala-te, caro, cala-te! Se sabes calar-te inteiro,
Deus te oferecerá mais dons do que desejas [...]

Homem, se queres dizer a essência da eternidade,
Primeiro deves privar-te por completo da linguagem [...]

Quando pensas em Deus, em ti o ouvirás:
Se te calas e aquietas, ele sempre falará [...]

Ninguém fala menos que Deus, sem tempo e lugar:
Desde a eternidade pronuncia uma só Palavra.

307. NA ARMADILHA DO AMOR
Surdas
Hinduísmo

Ninguém que caiu na armadilha do amor
teve novamente uma vida de alegria.
A mariposa apaixona-se pela chama:
a morte é seu salário.
O besouro penetra fundo na flor de lótus,
e fica preso no néctar.
O servo engraça-se com a apaixonante melodia do caçador.
Cai na armadilha e é seu fim.
E nós Gopis, que desfrutamos o amor de Krishna,
estamos abandonados e sem ajuda.
E esta também é minha sorte.
Eu me entreguei a ele
e lágrimas, somente lágrimas é o que colho.

308. PARA MELHOR VOS ABRAÇAR

Teilhard de Chardin
Cristianismo

Quero, Senhor, para melhor vos abraçar,
que a minha consciência se torne tão vasta
quanto os céus, a terra e os povos;
tão profunda quanto o passado,
o deserto, o oceano,
tão sutil quanto os átomos da matéria
e os pensamentos do coração humano...
Não é preciso que eu adira a Vós
por meio de toda a extensão do universo?
Para que eu não sucumba à tentação
que espreita cada ousadia,
para que eu não esqueça jamais
que somente Vós deveis ser procurado
através de tudo,
Vós me enviareis, Senhor,
nas horas que sabeis,
a privação, as decepções, a dor.
O objeto do meu amor declinará,
ou eu o ultrapassarei.
– A flor que eu segurava murchou em minhas mãos...
– O muro levantou-se diante de mim, ao redor da álea...
– A orla apareceu entre as árvores da floresta
que eu acreditava sem fim...
– A provação chegou...
... E eu não fiquei definitivamente triste...
Ao contrário, uma insuspeita e gloriosa alegria
irrompeu em minha alma...
pois, nessa falha dos suportes imediatos

que eu arriscava dar à minha vida,
experimentei de modo único
que eu repousava tão somente
sobre a vossa consistência.

309. MEU DEUS, ENSINA-ME
Ora Ilan-Guttmann
Judaísmo

Meu Deus, ensina-me a suportar
a sorte do momento,
que é passageira e nunca voltará.
Ensina-me a suportar
o jugo do costume,
ao qual facilmente se pode renunciar.
Ensina-me a suportar
a dor da renúncia,
da qual nada mais sobra.

310. ORAÇÃO VESPERTINA
Walter Rauschenbusch
Cristianismo

Ó Deus, nós te louvamos pela nossa irmã,
a noite, que envolve todos os seres cansados da terra
no seu confortável cobertor de escuridão
e lhes dá o sono.
Relaxa agora os nossos membros,

doloridos por causa do trabalho,
e alisa nossos rostos,
vincados pelas preocupações.
Que sopre em nós a brisa refrescante do esquecimento,
para que possamos levantar pela manhã
com um sorriso em nossos rostos.
Conforta e alivia aqueles que se agitam
acordados em suas camas de dor
ou cujos nervos doloridos anseiam pelo sono
e não acham.
Salva-os de terem maus pensamentos
durante a longa escuridão,
e ensina-os a deitarem no teu colo amoroso
que enche o universo,
para que suas almas se tranquilizem
e seus corpos possam descansar.
E agora, nós te pedimos uma noite tranquila
para todos os nossos irmãos e irmãs,
próximos ou distantes,
e oramos para que haja paz
sobre toda a terra.

311. DEUS É O AMOR
Tirumular
Hinduísmo

Tolos afirmam, Deus e o amor seriam duas coisas.
Quem já sabe, percebe que Deus e amor são uma só coisa!
Quem porém sabe, serena no amor,
unido com Deus.

312. A VIDA EM PROFUNDIDADE

Jürgen Moltmann
Cristianismo

Quando amo Deus,
amo a beleza dos corpos,
o ritmo dos movimentos,
o fulgor dos olhos,
os abraços, as sensações,
os aromas,
os variegados tons
desta criação.
Gostaria de abraçar
todas as coisas,
meu Deus,
quando te amo,
porque te amo
com todos os meus sentidos
nas criaturas de teu amor.
E em todas as coisas que encontro
és Tu que nelas me espera.
Eu te buscava há tempos,
dentro de mim,
entocado na casa
e ensimesmado na alma,
protegido pela couraça
da minha inacessibilidade.
E Tu, fora, me esperavas,
para abrir este meu coração
aos grandes espaços
do amor pela vida.
Finalmente,
consegui sair de mim mesmo,
para encontrar a minha alma
nos meus sentidos
e nos outros.

313. EU ERA O SEU ENCANTO TODOS OS DIAS...
Provérbios 8,22-31
Judaísmo

Iaweh me criou, primícias de sua obra,
antes de seus feitos mais antigos.
Desde a eternidade fui estabelecida,
desde o princípio, antes da origem da terra.
Quando os abismos não existiam, eu fui gerada,
quando não existiam os mananciais das águas.
Antes que as montanhas fossem implantadas,
antes das colinas, eu fui gerada;
ainda não havia feito a terra e a erva,
nem os primeiros elementos do mundo.
Quando firmava os céus, lá eu estava,
Quando traçava a abóboda sobre a face do abismo;
Quando condensava as nuvens do alto,
quando se enchiam as fontes do abismo;
quando punha um limite ao mar:
e as águas não ultrapassavam o seu mandamento;
quando assentava os fundamentos da terra.
Eu estava junto com ele como o mestre de obras,
e eu era o seu encanto todos os dias,
todo o tempo brincava em sua presença:
brincava na superfície da terra,
e me alegrava com os homens.

314. AO FOGO DO AMOR
Catarina de Sena
Cristianismo

Ó fogo, abismo de caridade,
tu és fogo que sempre ardes
e não queimas:
tu estás cheio de alegria,
de gáudio e de suavidade.
Ao coração ferido por esta flecha,
qualquer amargura lhe parece doce,
e qualquer grande peso se torna leve.

Ó doce amor,
que alimentas e engordas a nossa alma!
E porque dissemos que ardia e não queimava,
agora digo que ele arde e queima,
e destrói e dissolve qualquer defeito,
qualquer ignorância e qualquer negligência
que exista na alma.
Pois a caridade não é ociosa;
mas também usa grandes coisas.

315. TU E EU
Rûmî
Islã

Sentados no palácio duas figuras,
são dois seres, uma alma, tu e eu.

Um canto radioso move os pássaros,
quando entramos no jardim, tu e eu!

Os astros já não dançam, contemplam
a lua que formamos, tu e eu!

Enlaçados no amor, sem tu nem eu,
livres de palavras vãs, tu e eu!

Bebem as aves do céu a água doce
de nosso amor, e rimos tu e eu!

Estranha maravilha estarmos juntos:
estou no Iraque e estás no Khorasan.

316. A DEUS
Søren Kierkegaard
Cristianismo

Pai celeste!
Quando o pensamento sobre ti se desperta em nossa alma,
faze que não desperte como pássaro amedrontado e desorientado
que esvoaça aqui e ali,
mas como o menino que acorda com seu sorriso celeste.

317. NÃO HÁ SENÃO ELE
Rûmî
Islã

Dentro e fora do meu coração não há senão Ele.
Meu corpo, vida, veia e sangue nada são, senão Ele.

Como é possível crer ou não crer?
Não há em mim espaço para a dúvida:
Ele está em toda parte.

318. SUSCIPE
Inácio de Loyola
Cristianismo

Senhor, toma e recebe
toda a minha liberdade,
a minha memória,
a minha inteligência
e toda a minha vontade.

Tudo o que tenho e possuo,
foste Tu que mo deste:
a ti o devolvo, Senhor.

Tudo é teu,
podes dispor
segundo tua plena vontade.

Concede-me teu amor e tua graça,
que isso me basta.

319. NA TRANQUILIDADE E NA PAZ
Riokan
Budismo

Desde jovem, deixei tintas e pincel,
desejoso de seguir a Via dos Sábios.
Com um cantil e uma tigela,
peregrinei por muitas primaveras.
Voltando à região natal, vivo sozinho,
numa cabana sob as montanhas.
O canto dos pássaros é a minha música;
As nuvens do céu, os meus vizinhos.
Na água que brota da rocha
lavo os meus velhos panos.
Os pinheiros e os carvalhos da montanha
fornecem-me a lenha.
Na tranquilidade e na paz
passarei os meus dias,
por toda a vida.

320. OS MAIS QUERIDOS
Agostinho de Hipona
Cristianismo

Tu és grande, Senhor;
sobre os humildes pões teus olhos,
e olhas de longe os que se põem no alto;
só estás junto dos de coração contrito,
não te revelas aos orgulhosos,
mesmo que, com curiosidade, com perícia,

ponham-se a contar todas as estrelas do céu,
e cada grão de areia do profundo oceano;
tracem a medida do espaço sideral
e explorem as estradas das estrelas.

321. NESSE DIA, SERÁS UNO
Rabino Zalman Schachter-Shalomi
Judaísmo

Fonte do tempo e do espaço,
Avinu Malkeyinu!

Do infinito traz a nós
A grande renovação
E nos sintoniza com a tua intenção
Para que a sabedoria, tua filha,
Flua em nossa consciência
E nos desperte, para vermos à frente
E ajudarmos em vez de causarmos dano.

Possam todos os recursos de que dispomos
Poupar e proteger a tua criação.

Ajuda-nos
A corrigir o que aviltamos,
A curar o que tornamos enfermo,
A tratar do que ferimos, a recuperá-lo.

Abençoa a nossa terra, o nosso lar,
E mostra-nos a todos como cuidar dela
Para que possamos viver a tua promessa
Feita a nossos antepassados:

Viver dias de paraíso
Bem aqui, nesta terra.

Possam todos os seres
A quem moldaste
Tornarem-se conscientes de que és Tu
Que lhes deste a vida.

Possamos compreender
Que Tu nos moldaste a vida,
E possa cada ser respirante
Juntar-se a outros que respiram
No prazer do conhecimento partilhado
De que és a fonte de todo ar.

Ajuda-nos a aprender a ser parceiros
De amigos, de vizinhos, da família.
Ajuda-nos a dissipar os antigos rancores.

Possamos louvar,
Mesmo naqueles a quem tememos,
A tua imagem e forma, a tua luz
Que lhes habita o coração.

Possamos breve vislumbrar o dia
Em que a tua casa, na verdade,
Será a casa da oração dos povos todos,
Designados a celebrar
Em todas as línguas e discursos.
Nesse dia, serás uno,
Bem como unido a toda vida cósmica.

322. PELO MAR DESCONHECIDO DA CARIDADE
Teilhard de Chardin
Cristianismo

Jesus, Salvador da atividade humana,
à qual viestes dar uma razão de ser,
Jesus, Salvador da dor humana,
a que viestes dar um valor de vida,
Jesus, sede a salvação da unidade humana,
forçando-nos a abandonar as nossas mesquinhezes
e, apoiados em Vós, a aventurar-nos
pelo mar desconhecido da caridade.

323. SOU UM MENDIGO À TUA PORTA
Tukaram
Hinduísmo

Um mendigo sou eu à tua porta.
Levanto os braços em súplica.
Dai-me consolo, meu Deus,
amor, que tenha misericórdia.
Poupe-me para que eu venha
e nada receba de ti.
Uma oferenda suplico a mim, pobre;
sem merecer, gratuitamente me concedes.

324. QUERO DIZER-TE OBRIGADO
Uma adolescente
Cristianismo

Quero oferecer-te a terra como uma
grande risada.
Encher as casas de sol
para que jamais haja noite.
Quero reunir todos os perfumes
deste mundo
para com eles encher o coração dos homens
para que possam beber no abismo das torrentes de amor.
Quero que a profundeza das estrelas faça eclodir neles as
sementes de esperança.
Quero dizer-te obrigada, pelo musgo agarrado à pedra.
Pelo caminho da noite
e por teres vindo a nós com um coração humano.
Quero proclamar ao mundo inteiro a candura
de um coração de criança,
a beleza da ferrugem,
os dias de alegria e os dias de angústia.
Quero dizer que o vento pode ser brisa ou furacão,
mas o que importa é que ele sopra.

325. AMOR QUE DÁ VIDA
Rûmî
Islã

O amor eleva aos céus nossos corpos terrenos,
E faz até os montes dançarem de alegria!
Ó amante, foi o amor que deu vida ao Monte Sinai,

Quando "o monte estremeceu e Moisés perdeu os sentidos".
Se meu Amado apenas me tocasse com seus lábios,
Também eu, como a flauta, romperia em melodias. [...]

326. AO SENHOR JESUS
Angelus Silesius
Cristianismo

Aproximo-me de ti, Senhor, como do meu raio de sol
Que me dá luz, me aquece e me torna um ser vivo.
Se então de mim te aproximas como da terra,
Logo meu coração será a mais bela primavera.

327. ESTOU EM PAZ COM TODOS
Riokan
Budismo

Uma vez deixado o Mosteiro do Lotus Branco,
vaguei livremente de um lugar a outro.
Como companhia, sempre o meu bastão,
a minha veste reduziu-se a frangalhos.
De noite, escuto o rumor da chuva;
na primavera, jogo bola pela estrada.
Se alguém me pergunta como vivo,
respondo que estou em paz com todos.

328. VIVER
Irmã Adriana Rekelhof
Cristianismo

Viver
é abraçar as coisas e as pessoas
e depois soltá-las de novo,
para que possam crescer e florescer
na presença da face de Deus.

Viver
é ser grato
pela luz e pelo amor
pelo calor humano e pela ternura
que aparecem nas coisas e nas pessoas.

Viver
é aceitar e olhar tudo
como dádiva de Deus
não ser dono de nada e de ninguém
e exultar por cada estrela que cai do céu.

329. AS INVOCAÇÕES
Ansârî
Islã

Jejuar, apenas significa poupar pão,
A prece formal é a ocupação
De velhos e velhas,
A peregrinação é um prazer do mundo,
Conquiste o coração,
A sua sujeição é uma conquista de fato.

Se podes caminhar na água
Tu não és melhor do que uma palha.
Se podes voar no ar
Não és melhor do que uma mosca.
Conquista teu coração
Para que possas te tornar alguém.
Um homem passa setenta anos em aprendizagem
E fracassa em iluminar-se.
Outro, em toda a sua vida nada aprendeu
Mas ouve uma palavra
E é consumido por ela.
Nesse caminho o argumento não tem valia;
Busca, e poderás encontrar a verdade.

330. SE DEUS
Fernando Pessoa
Cristianismo

Mas se Deus é as flores e as árvores
E os montes e sol e o luar,
Então acredito nele,
Então acredito nele a toda hora,
E a minha vida é toda uma oração e uma missa,
E uma comunhão com os olhos e pelos ouvidos.

Mas se Deus é as árvores e as flores
E os montes e o luar e o sol,
Para que lhe chamo eu Deus?
Chamo-lhe flores e árvores e montes e sol e luar;
Porque, se Ele se fez, para eu o ver,
Sol e luar e flores e árvores e montes,

Se Ele me aparece como sendo árvores e montes
E luar e sol e flores,
É que Ele quer que eu o conheça
Como árvores e montes e flores e luar e sol.

331. FAZ-NOS SÁBIOS
Islã

Senhor, nosso Deus,
faz-nos sábios para reconhecer teus caminhos;
molda nossos corações para a ti temermos;
perdoa-nos, para que sejamos libertos;
afasta-nos de nossas dores;
dá-nos pastagens gordas nos prados de teu país;
recolhe nossos dispersos dos quatro cantos da terra;
faz com que os pecadores orientem-se pelo teu conhecimento;
ergue tua mão contra os malfeitores;
alegrem-se os justos na construção de tua cidade...
Antes de chamarmos, já nos respondes.
Bendito sejas tu, o Deus que ouve as orações.

332. A PORTA DO SENHOR
Da liturgia eucarística siríaca
Cristianismo

Senhor, à tua porta eu bato
e ao teu tesouro invoco piedade.
Sou um pecador que, por muitos anos,
abandonou teu caminho.
Dá-me confessar os meus pecados,
fugir deles e viver na tua graça.

À porta de quem bateremos,
Senhor misericordioso, senão à tua?
Quem nos sustentará em nossas quedas,
se tua misericórdia não interceder junto a ti,
ó rei a cuja majestade se prostram também os reis?

Pai, Filho e Espírito Santo,
sede para nós uma cidadela fortificada,
um refúgio contra os perversos que nos combatem
e contra as suas potências.
Protege-nos à sombra das tuas misericórdias,
quando os bons forem separados dos maus.

O canto de nossa oração
seja uma chave que abra a porta do céu;
e nas suas fileiras os arcanjos digam entre si:
como deve ser doce o canto dos humanos
para que o Senhor atenda tão logo
suas invocações!

333. COM OS OLHOS DAQUELES QUE O AMAM
Rûmî
Islã

Se desejas que Deus te seja agradável,
olha então para Ele
com os olhos daqueles que o amam.
Não olhes para essa beleza
com teus próprios olhos,
olha para esse objeto de desejo
com os olhos dos seus devotos [...]

334. CAIO AOS TEUS PÉS
Efrém o Sírio
Cristianismo

Caio aos teus pés, Senhor, em adoração.
Agradeço a ti, Deus de bondade!
Imploro a ti, ó Santo!
Diante de ti me dobro,
Tu amigo da humanidade!
A ti glorifico, Cristo,
pois és o Filho único e Senhor do universo.
Tu, que és sem pecado,
– por mim, pecador indigno –
te entregaste à morte e morte de cruz;
para assim libertar a todos
das amarras do pecado.
Como posso retribuir-te, Senhor?
Louvor a ti, amigo da humanidade!
Louvor a ti, misericordioso!
Louvor a ti, compreensivo!
Louvor a ti, que perdoas os pecadores!
Louvor a ti, pois vieste para salvar-nos!

335. A BEM-AVENTURANÇA ESTÁ NO INFINITO
Chandogya Upanishad VII,23-25,1
Hinduísmo

A bem-aventurança encontra-se única e exclusivamente
no infinito:
Nenhuma bem-aventurança está no pequeno, no finito.

Somente o infinito significa bem-aventurança.
Tu deves, portanto, verdadeiramente aprender a entender o infinito.
Quando nada mais se vê, nada mais se ouve,
nada mais se sabe, isto é o infinito.
Mas enquanto ainda se vê algo, se ouve algo,
se sabe algo, isto é algo pequeno, finito.
O infinito é como a imortalidade;
o pequeno, o finito é como a mortalidade.
O infinito está embaixo e em cima,
no Leste e no Oeste, no Sul e no Norte.
Verdadeiramente isto é o universo todo.

336. A CEIA QUE ENAMORA
João da Cruz
Cristianismo

Meu Amado, as montanhas,
Os vales solitários, nemorosos,
As ilhas mais estranhas,
Os rios rumorosos,
E o sussurro dos ares amorosos;

A noite sossegada,
Quase aos levantes do raiar da aurora;
A música calada,
A solidão sonora,
A ceia que recreia e que enamora.

337. MOSTRA-ME AS COISAS TAIS COMO SÃO
Rûmî
Islã

Ó meu Senhor,
resolve todas as minhas dificuldades.
Retira a ferrugem do espelho do meu coração.
Tem piedade de mim
e sê misericordioso comigo
por tua graça e generosidade.
Mostra-me as coisas tais como são.

338. DEDICATÓRIA
Raïssa Maritain
Cristianismo

Eu quero cantar a ti, Senhor
Canções de lágrimas canções de amor
    Ao som da harpa

Acolhe este grande desejo
E de tuas fontes faz jorrar
    O canto de minha alma

Todas as fontes estão em ti
Da música da fé
    E da poesia

A fonte de vida em teu sangue
Em tuas leis o fundamento
    De toda harmonia

Mas em meu coração tudo falta
Que o amor nele cave bem alto
      A fonte das lágrimas

E do canto. E que tua bondade
Nestes dons de minha pobreza
      Encontre encanto.

339. BÊNÇÃO JUDAICA
Judaísmo

Nosso Deus, Deus de nossos pais,
abençoa-nos com a tríplice bênção escrita na Lei:
Que Deus te abençoe e te proteja.
Que Deus tenha um rosto luminoso para ti.
Que Deus te guarde e te dê a paz. Amém.

340. O CERVO MÍSTICO E SUA FONTE
Angelus Silesius
Cristianismo

Corre o cervo a buscar fresca fonte
Para restaurar e aquietar o coração.
A alma que a Deus ama se apressa à fonte
De onde jorra o doce riacho da vida.

Jesus Cristo é a fonte que com seu veio
Sacia-nos a sede e fortifica contra o pecado.
Se nessa fonte permaneces e bebes sempre,
Conquistarás, ó minh'alma, vitória espiritual.

341. OS AMANTES
Rûmî
Islã

Se o mundo inteiro está cheio de espinhos,
O coração dos amantes é um roseiral.
Se a roda celeste cessasse de girar,
O mundo dos amantes continuaria a se mover.
Se todos os seres ficassem tristes, a alma dos amantes
Permaneceria nova, viva e leve.
Onde houver uma vela apagada, que seja dada ao amante,
Pois ele tem cem mil luzes.
Mesmo que o amante estiver solitário, jamais estará só.
Como companheiro ele tem o Bem-amado escondido.
É da alma que provém a embriaguez dos amantes.
O companheiro do amor permanece no secreto.
O amor não se satisfaz com cem promessas,
Pois inumeráveis são os ardis das belezas.
Se encontrares o amante num leito de sofrimento,
O Bem-amado não está à cabeceira do enfermo?
Monta no corcel do amor e não temas o caminho.
O corcel do amor conhece bem o caminho.
De uma só passada ele te levará ao teu destino,
Embora o caminho não seja sem obstáculos.
A alma do amante desdenha o alimento do animal;
Só o vinho pode saciar a sua alma.
Graças a Shams-od-Din de Tabriz tu possuirás
Um coração ao mesmo tempo ébrio e perfeitamente lúcido.

342. CREIO PARA COMPREENDER
Anselmo de Cantuária
Cristianismo

Ó Senhor,
não desejo penetrar a tua profundidade,
pois, de maneira alguma, posso comparar com ela
a minha inteligência.

Desejo compreender a tua verdade,
mesmo que seja imperfeitamente,
esta verdade na qual crê meu coração,
e que ele ama.

Não busco compreender para crer,
mas creio para compreender.
Creio, porque se não cresse,
não chegaria a compreender.

343. VOLTA À CASA
Mirabei
Hinduísmo

Meu inquieto amado, volta à casa.
Tu irás apagar o fogo de meu corpo,
e eu estarei feliz.
Juntos cantaremos canções de alegria.
O pavão vê as nuvens escuras carregadas de chuva
e dança de alegria;
vem me cortejar.
Os lírios olham o luar
e se abrem em flor;

arrebata-me com encanto.
Cada poro de meu corpo irá se resfriar, ó amigo,
Quando vieres para me cortejar.
Ele ajuda todos os seus adoradores,
ele irá cumprir a promessa.
Vem e tira de mim o sofrimento.

344. SEM TI
Cardeal Martini
Cristianismo

Vem, Santo Espírito,
pois sem ti Deus está longe,
Jesus ressuscitado perde-se no passado,
o Evangelho parece uma palavra morta,
a Igreja uma simples organização,
a autoridade um puro exercício de poder,
a missão uma propaganda,
o culto um arcaísmo,
o agir moral
um agir de servos.
Contigo, entretanto, Espírito Santo,
o cosmos revive,
o Ressuscitado faz-se presença,
Deus está perto,
o Evangelho é poder de vida,
a Igreja torna-se comunhão,
a autoridade é um serviço alegre e forte,
a liturgia é viva e penetrante,
o agir humano ético e moral
é um caminho firme e construtivo para a liberdade.

345. DÊ ALEGRIA A MEU OLHAR
Rûmî
Islã

O Bem-amado escondeu-se por causa das contendas:
Todos partiram, tudo é deserto. Sai do abrigo.
Livra teu servidor do naufrágio da aflição,
Dá alegria a meu olhar pálido de inquietação.
Transformei meu ser num oceano de lágrimas:
Por que não vens contemplar o oceano?
Já que no espelho viste teu próprio rosto,
Onde encontrar uma mais nobre visão?
Engano-me: o espelho não te contém jamais.
Em tua luz todas as coisas se aniquilam.
Este espelho não necessita polimento:
Pelo teu rosto torna-o límpido e puro.

346. E NO ENTANTO QUERES DAR-NOS ALEGRIA
Dietrich Bonhoeffer
Cristianismo

Cercado fielmente de silenciosas potências benignas,
maravilhosamente protegido e consolado,
quero viver estes dias contigo,
e contigo entrar no ano-novo.

Nosso coração ainda quer se lamentar do passado,
ainda nos oprime o grave peso dos dias maus.
Ó Senhor, dá às nossas almas amedrontadas
a salvação que nos tens preparado.

E tu nos apresentas o duro cálice,
o amargo cálice do sofrimento cheio até a borda,
e nós o tomamos, sem tremer,
da tua boa e amada mão.

E no entanto ainda queres nos dar alegria
por este mundo e pelo esplendor do seu sol;
nós queremos recordar o que já passou,
pertence a ti a nossa vida inteira.

Faze arder hoje as quentes e silenciosas velas
que trouxeste à nossa escuridão;
reconduze-nos, se é possível, à unidade.
Nós sabemos que tua luz arde na noite.

Quando o silêncio profundo descer em torno a nós
faze-nos ouvir aquele som cheio do mundo
que, invisível, se estende em torno a nós,
o alto canto de louvor de todos os teus filhos.

Maravilhosamente socorridos por potências benignas,
consolados, esperamos todo o futuro evento.
Deus está conosco de tarde e de manhã,
absolutamente, em cada novo dia.

347. TU ME SEDUZISTE, SENHOR
Jeremias 20,7-9.11
Judaísmo

Tu me seduziste, Senhor, e eu me deixei seduzir;
tu me agarraste e me dominaste.
Sou motivo de riso o dia inteiro,
todos zombam de mim.

Porque sempre que falo devo gritar,
devo proclamar violência e opressão.
Porque a palavra do Senhor tornou-se para mim
injúria e ludíbrio o dia inteiro.
Quando pensava: "Não me lembrarei dele,
já não falarei em seu nome",
então sentia em meu coração como um fogo devorador
encerrado em meus ossos.
Estou cansado de suportar, não aguento mais!
Mas o Senhor está comigo como um violento guerreiro,
por isso meus perseguidores tropeçarão, sem prevalecer.
Ficarão muito envergonhados por não obterem êxito:
uma ignomínia eterna, inesquecível.

348. SÚPLICA
Tichon di Zadonsk
Cristianismo

Dá-me o ouvido para poder te ouvir.

Dá-me os olhos para poder te ver.

Dá-me o gosto para poder te saborear.

Dá-me o olfato para sentir tua fragrância.

Dá-me as pernas para chegar a ti.

Dá-me a boca para falar de ti.

Dá-me o coração para temer-te e amar-te.

Senhor, conduze-me por tua estrada e andarei segundo a tua verdade,

Pois tu és o caminho, a verdade e a vida.

Toma a minha vontade e dá-me a vontade de cumprir somente a tua.

Tira de mim o que é velho e dá-me o novo.
Arranca meu coração de pedra e dá-me um coração humano,
que te ame, te adore e te siga.
Dá-me olhos para ver teu amor.
Dá-me olhos para ver e seguir tua humildade.
Dá-me olhos para ver tua mansidão e imitar tua sabedoria.
Dize uma palavra e tudo será feito. Porque tua palavra é poderosa. Creio, Senhor; ajuda a minha incredulidade.

349. ÀS MARGENS DA LUZ
Ramalinga Swamigal
Hinduísmo

Atravessei o mar da escuridão e do pecado!
Cheguei às margens da luz e da verdade.
Vi, o que há para ver.
Abriram-se os portões da realidade divina.
Degustei o néctar divino.
A luz da graça divina me tocou,
a dúvida e a ignorância desapareceram como a névoa.
Reconheci a forma da sabedoria eterna.
E conquistei a imortalidade.
Meu corpo, meu espírito, minha alma rejubilam de alegria.
Estou repleto de realização e verdade.
Ignorância, fraqueza e pecado estão superados,
e me transformei no poder maior de Deus.

350. DÁ-ME TUA MÃO
Rainer Maria Rilke
Cristianismo

A cada um Deus fala, antes de criá-lo,
e noite afora vai com ele, em silêncio:
mas as palavras, ainda antes do início,
são palavras de nuvens.

Longe de teus sentidos
vou até a fímbria de tua saudade:
dá-me algo de vestir!

Atrás das coisas cresce uma espécie de incêndio
que de ti projeta sombras
cada vez mais, até que elas me cobrem todo.

Deixa que te aconteça tudo: a beleza e o medo.
É preciso ir em frente, sentimento nenhum é o derradeiro.
Não te deixes ficar longe de mim.
Bem perto está o país
a que dão o nome de vida.

Tu o reconhecerás pela seriedade dele.

Dá-me tua mão.

351. TERNURA QUE ABRAÇA
Salmo 144
Judaísmo

Misericórdia e piedade é o Senhor;
ele é amor, é paciência, é compaixão.
O Senhor é muito bom para com todos,
sua ternura abraça toda criatura.
O Senhor é amor fiel em sua palavra,
é santidade em toda obra que faz.
Ele sustenta todo aquele que vacila
e levanta todo aquele que tombou.
É justo o Senhor em seus caminhos,
é santo em toda obra que faz.
Ele está perto da pessoa que o invoca,
de todo aquele que o invoca lealmente.

352. POUCO ME BASTA
Khliébnikov
Cristianismo

Bem pouco me basta!
A crosta de pão
a gota de leite.
E mais este céu,
com as suas nuvens!

353. RECREIO
Rabindranath Tagore
Hinduísmo

Quando era Você quem me divertia,
jamais indaguei quem era.
Desconhecia timidez ou medo;
minha vida era entusiasmada.

De manhã cedo, Você me despertava
como um companheiro,
guiando-me a correr pelas
clareiras da floresta.

Naqueles dias, nunca procurei saber
o sentido das canções
que Você me cantava:
Minha voz entoava as melodias,
meu coração dançava credenciado.

Agora que o recreio acabou,
que súbita visão é esta que me aparece?
Com olhos deitados aos seus pés,
o mundo se assombra
com as estrelas silenciosas.

354. QUANDO AMAM
Khliébnikov
Cristianismo

Os homens, quando amam,
dão longos olhares
e longos suspiros.
As feras, quando amam,
turvam os olhos,
dando mordidas de espuma.
Os sóis, quando amam,
vestem a noite com tecidos de terra,
e dançam majestosos para a amada.
Os deuses, quando amam,
prendem o frêmito do cosmos,
como Puchin – a chama de amor da criada de Volkónski.

355. NOS BRAÇOS NUS DA VIDA
Etty Hillesum
Judaísmo

E foi novamente como se a vida,
com todos os seus segredos,
estivesse próxima de mim,
como se eu a pudesse tocar.
Tive a sensação de estar a repousar
no seio desnudado da vida
e de lhe ouvir o suave bater do coração.
Jazia nos braços nus da vida
e ali me sentia imensamente segura e protegida.

E pensei: "como isto é estranho.
Há a guerra. Há campos de concentração.
Pequenas crueldades amontoam-se
em cima de pequenas crueldades.
Quando caminho pelas ruas,
sei que, em muitas casas por onde passo,
há ali um filho que está preso,
e ali o pai está refém,
e ali têm de suportar a condenação
à morte de um filho de dezoito anos".
E estas ruas e casas ficam perto
da minha própria casa. [...]
Sei de tudo isso e continuo a enfrentar
cada pedaço de realidade que se me impõe.
E no entanto – num momento inesperado,
abandonada a mim própria –
encontro-me de repente
encostada ao peito nu da vida
e os braços dela são muito macios
e envolvem-me de modo muito protetor,
e nem sequer consigo descrever
o bater do coração: tão lento e regular
e tão suave, quase abafado,
mas tão fiel, como se nunca mais findasse,
e também tão bondoso e compassivo.
Este é, pois, o meu sentimento da vida,
e creio que não há nenhuma guerra
ou crueldade humana gratuita
que o possam modificar.

356. VIVER SIMPLESMENTE
Fernando Pessoa
Cristianismo

Segue o teu destino,
Rega as tuas plantas,
Ama as tuas rosas.
O resto é a sombra
De árvores alheias.

A realidade
Sempre é mais ou menos
Do que nós queremos.
Só nós somos sempre
Iguais a nós-próprios.

Suave é viver só.
Grande e nobre é sempre
Viver simplesmente.
Deixa a dor nas aras
Como ex-voto aos deuses.

Vê de longe a vida.
Nunca a interrogues.
Ela nada pode
Dizer-te. A resposta
Está além dos deuses.

357. A MÃO QUE CONDUZ
Salmo 139
Judaísmo

A palavra ainda não me chegou à língua,
e tu, Senhor, já a conheces inteira.
Tu me envolves por trás e pela frente,
e sobre mim colocas a tua mão.
É um saber maravilhoso, e me ultrapassa,
é alto demais: não posso atingi-lo!
Para onde ir, longe do teu sopro?
Para onde fugir, longe da tua presença?
Se subo aos céus, tu lá estás;
se desço até o abismo, estás presente.
Se tomo as asas da alvorada
para habitar nos limites do mar,
mesmo lá é tua mão que me conduz,
e tua mão direita que me sustenta.
Se eu dissesse: "Ao menos a treva me cubra,
e a noite seja um cinto ao meu redor" –
mesmo a treva não é treva para ti,
tanto a noite como o dia iluminam.
Sim! Pois tu formaste os meus rins,
tu me teceste no seio materno.
Eu te celebro por tanto prodígio,
e me maravilho com as tuas maravilhas!

358. VAIDADE
Giuseppe Ungaretti
Cristianismo

De repente
se eleva
sobre os escombros
a límpida
maravilha
da imensidão

E o homem
curvado
sobre a água
surpreendida
pelo sol
se descobre
uma sombra

Embalada
e pouco a pouco
desfeita

359. TRATO BEM DE TI
Etty Hillesum
Judaísmo

Como vês, trato bem de ti.
Não te trago somente as minhas lágrimas
e pressentimentos temerosos,
até te trago, nesta tempestuosa
e parda manhã de domingo,
jasmim perfumado.

E hei de trazer-te todas as flores
que encontre pelo caminho, meu Deus,
e a sério que são muitas.
Hás de ficar sinceramente
tão bem instalado em minha casa
quanto é possível.

E já agora para te dar um exemplo ao acaso:
se eu estivesse encerrada
numa cela acanhada
e uma nuvem passasse
ao longo da minha janela gradeada,
então eu iria trazer-te essa nuvem, meu Deus,
se pelo menos ainda tivesse forças para isso.

360. EM TEU LOUVOR
Agostinho de Hipona
Cristianismo

Senhor, és imenso; todo canto é pouco.
Tua força não tem fim
e tua sabedoria é sem limites.
Quer cantar em teu louvor
esta pequena parte da tua criação,
o homem, que, mero mortal,
traz em si o testemunho do seu pecado,
e da tua resistência aos orgulhosos;
mesmo assim, ínfima parte da criação,
quer cantar em teu louvor,
esse desejo que nele acendes

361. NA BORDA DO SILÊNCIO
Vivekananda
Hinduísmo

Senta-te na borda da aurora,
para ti se elevará o sol.
Senta-te na borda da noite,
para ti cintilarão as estrelas.
Senta-te na borda da torrente,
para ti cantará o rouxinol.
Senta-te na borda do silêncio,
Deus te falará.

362. A CADA MOMENTO
Fernando Pessoa
Cristianismo

O meu olhar é nítido como um girassol.
Tenho o costume de andar pelas estradas
Olhando para a direita e para a esquerda,
E de vez em quando olhando para trás...
E o que vejo a cada momento
É aquilo que nunca antes eu tinha visto,
E eu sei dar por isso muito bem...
Sei ter o pasmo essencial
Que tem uma criança se, ao nascer,
Reparasse que nascera deveras...
Sinto-me nascido a cada momento
Para a eterna novidade do mundo...

III

REFERÊNCIAS

A Bíblia de Jerusalém. São Paulo: Paulinas, 1981.

AGOSTINHO. *Confissões*. São Paulo: Abril Cultural, 1973 [Os pensadores].

AGUILAR, E.G. & VON THIMMEL, S. *Salmos Sufíes*. Madri: Darek-Nyumba, 1995.

AL-HALLÂJ. *Diwan*. Gênova: Marietti, 1987.

ANSÂRÎ, A. *As invocações*. Rio de Janeiro: Dervish, 1990.

ARABI, I. *The Seven Days of the Heart*: prayers for the nights and days of the week. Oxford: Anqa, 2000.

ATTAR, F.U.-D. *A conferência dos pássaros*. São Paulo: Cultrix, 1993.

BACHELARD, G. *A chama de uma vela*. Rio de Janeiro: Bertand Brasil, 2002.

BARRERA, J.T. (org.). *Paganos, judíos y cristianos en los textos de Qumrán*. Madri: Trotta, 1999.

BARTHOLO, R. "Mística e política no seguimento ao profeta do Islã". In: BINGEMER, M.C.L. (org.). *Mística e política*. São Paulo: Loyola, 1994, p. 157-178.

BERNARDO DE CLARAVAL. *Sermoni sul Cantico dei Cantici.* Vol. 1. Roma: Vivere In, 1996.

_____. *Sermoni sul Cantico dei Cantici.* Vol. 2. Roma: Vivere In, 1996

BERQUE, J. *Le Coran* – Essai de traduction. Paris: Albin Michel, 1995.

BERZ, A. *Mit Gott ins Heute.* Einsiedeln: Benzinger, 1968.

Bhagavad Gita.

BIANCHI, E. (org.). *Il libro delle preghiere.* Turim: Einaldi, 1997.

BOFF, L. *Natal*: a humanidade e a jovialidade de nosso Deus. Petrópolis: Vozes, 2000.

_____. *Tempo de transcendência.* Rio de Janeiro: Sextante, 2000.

_____. *Brasas sob cinzas.* Rio de Janeiro: Record, 1996.

BOFF, L.; SPINDELDREIER, A. & HARADA, H. *A oração no mundo secular.* Petrópolis: Vozes, 1971.

BOSMANS, P. *Meu Deus, por quê?* Petrópolis: Vozes, 1998.

BRANDÃO, C.R. *Orar com o corpo.* Campinas: Verus, 2005.

BRUN, N.J. *Belas e grandes orações.* São Paulo: Ave-Maria, 1998.

CARDENAL, E. *Cântico cósmico.* São Paulo: Hucitec, 1996.

_____. *Telescopio en la noche oscura.* Madri: Trotta, 1993.

CATTANA, V. *Le preghiere più belle del mondo.* Milão: Mondadori, 1999.

CAVADI, A. *Rezar sem fronteiras.* São Paulo: Paulinas, 1999.

CINTRA, R. *Oração do dia e da noite.* Petrópolis: Vozes, 1976.

COMMODI, B. *Un tuffo nell'infinito.* Cinisello Balsamo: San Paolo, 2006.

CORBIN, H. *L'imagination créatrice dans le soufisme d'Ibn' Arabî.* 2. ed. Paris: Aubier, 1993.

EL HAYEK, S. *Alcorão Sagrado*. São Paulo: Marsa M, 1994.

EMRÉ, Y. *Le livre de l'amour sublime*. Paris: Seghers, 1987.

EVDOKIMOV, M. *Peregrinos russos e andarilhos místicos*. Petrópolis: Vozes, 1990.

FAZION, G.S. *Lo Zen di Kodo Sawaki*. Roma: Ubaldini, 2003.

FERRIÈRE, P. & MEEÚS-MICHIELS, I. *15 dias de oração com Etty Hillesum*. São Paulo: Paulinas, 2014.

FLUSSER, D. *O judaísmo e as origens do cristianismo*. Vol. 1. Rio de Janeiro: Imago, 2000.

FOUCAULD, C. *Opere spirituali*. Roma: Paoline, 1984.

HAMMAN, A.G. *Orações dos primeiros cristãos*. São Paulo: Paulinas, 1985.

HILLESUM, E. *Diário*. Lisboa: Assírio & Alvim, 2009.

HOMOLKA, W. et al. (orgs.). *Licht über Licht*: Die schönsten Gebete und Meditationen der Weltreligionen. Freiburg: Herder 2015.

JUCA, P. *Mensagens e orações inesquecíveis*. Petrópolis: Vozes, 1987.

KABIR. *Cem poemas*. São Paulo: Attar, 1988.

KARDEC, A. *O Evangelho segundo o espiritismo*.

KHAYYAN, O. *Rubaiyat*. Rio de Janeiro/Belo Horizonte: Garnier, 1999.

KHLÉBNIKOV, V. *Eu e a Rússia*. Rio de Janeiro: Bem-Te-Vi, 2014.

KIERKEGAARD, S.A. *Das profundezas* – Preces. São Paulo: Paulinas, 1990.

LANGNER, M. et al. *Horizonte*: neue Wege suchen. Hildesheim: Bernward, 1990.

LE SAUX, M. Educar para a oração na catequese. *Concilium*, 179 (9), 1982, p. 66-67.

LIMA, C. (org.). *Salmos latino-americanos*. São Paulo: Paulinas, 1987.

LUCCHESI, M. *A sombra do amado*: poemas de Rûmî. Rio de Janeiro: Fisus, 2000.

_____. *Juan de la Cruz*: pequena antologia amorosa. Rio de Janeiro: Nova Aguillar, 2000.

_____. *Saudades do paraíso*. Rio de Janeiro: Lacerda, 1997.

LUTERO, M. *Preghiere*. Casale Monferrato: Piemme, 1997.

_____. *Querido Deus!* São Leopoldo: Sinodal, 1993.

MARITAIN, R. *Poemas e ensaios*. Juiz de Fora: CXB, 2000 [seleção e tradução de Cesar Xavier Bastos].

MÁRQUEZ, M. & FERNÁNDEZ, J. *Sabedoria do coração*. São Paulo: Paulus, 1999.

MARTÍNEZ, F.G. *Textos de Qumran*. Petrópolis: Vozes, 1995.

MARTINI, C.M. *Orações do Cardeal Martini*. Petrópolis: Vozes, 1992.

MAYER, R. *Der babylonische Talmud*. Munique: Wilhelm Goldmann, 1963.

MEDDEB, A. (org.). *Les dits de Bistami*. Fayard, 1989.

MEIRELLES, C. *Poesia completa*. Rio de Janeiro: Nova Aguillar.

MENDES, M. *Poesia completa e prosa*. Rio de Janeiro: Nova Aguillar, 1994.

MERTON, T. *Oh, corazón ardiente* – Poemas de amor y de disidencia. Madri: Trotta, 2015.

_____. *Diálogos com o silêncio*. Rio de Janeiro: Fissus, 2003.

_____. *Na liberdade da solidão*. Petrópolis: Vozes, 2001.

_____. *O diário da Ásia*. Belo Horizonte: Vega, 1978.

_____. *A via de Chuang Tzu*. Petrópolis: Vozes, 1977.

_____. *Zen e as aves de rapina*. Rio de Janeiro: Civilização Brasileira, 1972.

_____. *Reflexões de um espectador culpado*. Petrópolis: Vozes, 1970.

_____. *A montanha dos sete patamares*. 6. ed. São Paulo: Mérito, 1958.

MEYEROVITCH, E.V. *Rûmî e o sufismo*. São Paulo: ECE, 1990.

MOLTMANN, J. *Spiritualità dei sensi vigili*. Módena: Fondazione Collegio San Carlo de Modena, 2006.

MURARO, R.M. & CINTRA, R. *As mais belas orações de todos os tempos*. 15. ed. Rio de Janeiro: Rosa dos Tempos, 1997.

NICOLAU DE CUSA. *La pace della fede e altri testi*. San Domenico di Fiesoli: Cultura della pace, 1993.

_____. *A visão de Deus*. Lisboa: Fundação Calouste Gulbenkian, 1988.

OLIVEIRA, N.A. *Orando com Santo Agostinho*. São Paulo: Paulus, 1996.

PANIKKAR, R. *L'esperienza di Dio*. Bréscia: Queriniana, 1998.

PESSOA, F. *Obra poética*. Rio de Janeiro: Nova Aguilar, 1992.

PIANTELLI, M. (org.). *Le preghiere del mondo*. Milão: San Paolo, 1998.

PIRES, J.H. *Argila*. São Paulo: Lake.

PRADO, A. *Terra de Santa Cruz*. 2. ed. Rio de Janeiro: Guanabara, 1986.

RAIMUNDO LÚLIO. *O livro do gentio e dos três sábios (1274-1276)*. Petrópolis: Vozes, 2001.

_____. *Livro do amigo e do amado*. São Paulo: Loyola, 1989.

RILKE, R.-M. *O livro de horas*. Rio de Janeiro: Civilização Brasileira, 1993.

RIÔKAN, D. *Monaco dello Zen*. Milão: La Vita Felice, 2008.

ROBERTS, E. & AMIDON, E. (orgs.). *Orações para mil anos*. São Paulo: Cultrix, 1999.

RÛMÎ, J.U.-D. *Poemas místicos*: Diwan de Shams de Tabriz. São Paulo: Attar, 1996 [seleção, tradução e introdução de José Jorge de Carvalho].

_____. *Diwan de Shams de Tabriz*. Madri: Sufi, 1995.

_____. *Fihi-Ma-Fihi*: o livro do interior. São Paulo: Dervish, 1993.

_____. *Rubâi'Yât*. Paris: Albin Michel, 1993.

_____. *Masnavi*. São Paulo: Dervish, 1992.

_____. *Canzone d'amore per Dio*. Turim: Piero Garibaldi, 1991.

_____. *Lettres*. Paris: Jacqueline Renard, 1990.

_____. *Odes mystiques*. Langres: Klincksieck, 1973.

SANAI, H. *El jardín Amurallado de la verdad*. Madri: Sufi, 1999.

SANTA CATARINA DE SENA. *As orações*. São Paulo: Paulus, 1996.

SANTE, C. *Israel em oração*. São Paulo: Paulinas, 1989.

SÃO JOÃO DA CRUZ. *Obras completas*. Petrópolis: Vozes/Carmelo Descalço do Brasil, 1988.

SCATTOLIN, G. *Esperienze mistiche nell'islam*: i primi tre secoli. Bolonha: EMI, 1994.

SILVA, D.F. *A poesia mística de San Juan de la Cruz*. São Paulo: Cultrix, 1984.

SPADA, D. (org.). *Il libro delle preghiere*. Milão: Armenia, 1994.

TAGORE, R. *O coração de Deus*. Rio de Janeiro: Ediouro, 2003.

_____. *A lua crescente*. São Paulo: Paulus, 1991.

Tao Te Ching. [s.n.t].

TEILHARD DE CHARDIN, P. *Hino do universo*. São Paulo: Paulus, 1994.

_____. *O meio divino*. Lisboa: Presença, s/d.

_____. *Reflexões e orações no espaço-tempo*. Rio de Janeiro: José Olympio, 1978.

TERESA DE JESUS. *Obras completas*. São Paulo: Loyola, 1995.

TOLLINI, A. *Pratica e illuminazione nello Shōbōgenzō*. Roma: Ubaldini, 2001.

TOMÁS DE KEMPIS & BOFF, L. *Imitação de Cristo e seguimento de Jesus*. Petrópolis: Vozes, 2016.

TREVISAN, A. (org.). *Orações para o novo milênio*. Porto Alegre: UniProm, 1999.

UNGARETTI, G. *Poemas*. São Paulo: Edusp, 2017.

VALDRÈ, C. *I detti di Rabi'a*. 2. ed. Milão: Adelphi, 1992.

VANUCCI, G. (org.). *Il libro della preghiera universale*. Florença: Fiorentina, 1978.

VERMES, G. *Os manuscritos do Mar Morto*. São Paulo: Mercuryo, 1991.

VV.AA. *La preghiera respiro delle religioni*. Milão: Ancora, 2000.

_____. *Orações de um jovem, uma moça, uma criança*. São Paulo: Paulus, 2000.

XAVIER, C. *Paulo e Estêvão*. Rio de Janeiro: FEB, 2012.

YERUSHALMI, Y.H. *Zakhor*. Rio de Janeiro: Imago, 1992.

IV

ÍNDICES

IV.1. Índice numérico

1. Brevidade da vida humana – *Salmo 90 – Oração de Moisés (Judaísmo)*

2. Prece final – *Prece budista (Budismo)*

3. A ti somente adoramos (Al Fatiha) – *Corão 1,1-7 (Islã)*

4. Oração da ecumene abraâmica – *Hans Küng (Cristianismo)*

5. OM – *Brihadaranyaka Upanishad V,1 (Hinduísmo)*

6. Prece de Simeão – *Lucas 2,29-32 (Cristianismo)*

7. Ao entrar na casa de oração – *Abu Dawud, Tirmidhi, Ibn Majah (Islã)*

8. Obrigado por este momento – *Rabino Michael Lerner (Judaísmo)*

9. Que todas as criaturas tenham felicidade – *Oração tibetana do desejo (Budismo)*

10. O eterno descobrimento – *Teilhard de Chardin (Cristianismo)*

11. Oceano infinito – *Rûmî (Islã)*

12. Toma-me pela mão – *Etty Hillesum (Judaísmo)*

13. As montanhas, os rios, o Zen – *Sentença Zen (Budismo)*

14. Concedei-me, Senhor – *Tomás de Aquino (Cristianismo)*
15. Sinfonia universal – *Salmo 150 (Judaísmo)*
16. O que é meditação – *Thich Nhat Hanh (Budismo)*
17. Oração pela paz – *Francisco de Assis (atribuída) (Cristianismo)*
18. Só por ti – *Râbi'a (Islã)*
19. Refúgio nas três joias – *Prece budista (Budismo)*
20. Bênção irlandesa *(Cristianismo)*
21. Bênção – *Rabindranath Tagore (Hinduísmo)*
22. E se ainda desejo alguma coisa – *Al-Hallaj (Islã)*
23. Desde a aurora eu te procuro *(Judaísmo)*
24. Buscando a Deus – *Teresa d'Ávila (Cristianismo)*
25. Oração pela paz – *Oração muçulmana (Islã)*
26. Promessa da libertação – *Vajracchedika 3 (Budismo)*
27. O meio divino do descobrimento – *Teilhard de Chardin (Cristianismo)*
28. Ato de submissão e resignação – *Allan Kardec (Espiritismo)*
29. Oração do abandono – *Charles de Foucauld (Cristianismo)*
30. Oferenda com amor – *Bhagavad Gita IX, 26 (Hinduísmo)*
31. E esqueceu-se de partir – *Rûmî (Islã)*
32. Deixar cair corpo e mente – *Dogen – Genjôkoan (Shōbōgen-zō) (Budismo)*
33. Subida do Monte Carmelo – *João da Cruz (Cristianismo)*
34. O criador da luz *(Judaísmo)*
35. Na chama da vela! – *Goethe (Cristianismo)*
36. A vida é complicada – *Kodo Sawaki (Budismo)*
37. Ensina-nos teus caminhos – *Basílio de Cesareia (Cristianismo)*
38. Hino à Umbanda – *J.M. Alves (Umbanda)*
39. Decálogo da felicidade – *Jesus Cristo (Mateus 5,3-12)(Cristianismo)*
40. Ação de graças *(Judaísmo)*
41. Nascido para ser monge – *Riokan (Budismo)*
42. Olha, Senhor – *Martim Lutero (Cristianismo)*

43. Brahman, a unidade total – *Mundaka Upanishad II, 2,2;5-6 (Hinduísmo)*

44. Busco teu nome – *Yunus Emré (Islã)*

45. Vazio do tamanho de Deus – *Leonardo Boff (Cristianismo)*

46. O poder da vida – *Tao Te Ching (Taoismo)*

47. Ó Deidade – *Catarina de Sena (Cristianismo)*

48. Origem de todas as coisas – *Purandaradasa (Hinduísmo)*

49. Ao ardente desejo – *Dhû'l-Nûn (Islã)*

50. Tu és grande, Senhor! – *Agostinho de Hipona (Cristianismo)*

51. Hino ao Senhor do universo – *Salmo 148 (Judaísmo)*

52. Conduz-me, doce luz – *John Henry Newman (Cristianismo)*

53. Prece da caridade – *Espírito Caritas (Espiritismo)*

54. Que sejamos um – *Rev. Alan Jones (Cristianismo)*

55. Súplica a Oxalá – *Ponto de Oxalá (Umbanda)*

56. Oração da intimidade com Deus – *Dag Hammarskjöld (Cristianismo)*

57. Sou luz – *Padrinho Sebastião Mota (Santo Daime)*

58. Canto de união – *Oração Russa (Cristianismo)*

59. Tocando a terra – *Thich Nhat Hanh (Budismo)*

60. Não sei o que és – *Nicolau de Cusa (Cristianismo)*

61. O todo sapiente – *Atharva-veda IV, 16,2 (Hinduísmo)*

62. Aproximar-se de ti – *Nicolau de Cusa (Cristianismo)*

63. Os céus estão repletos de tua luz – *Rûmî (Islã)*

64. Agradeço-te, Senhor Jesus – *Hermann Bezzel (Cristianismo)*

65. O Senhor, esperança dos infelizes – *Salmo 146 (Judaísmo)*

66. Beleza – *Darimi (Islã)*

67. Oração especial de encerramento – *Thomas Merton (Cristianismo)*

68. Deus contou todo piscar de olhos – *Atharva-Veda VI, 16,5 (Hinduísmo)*

69. Eu te trarei no sangue – *Rainer Maria Rilke (Cristianismo)*

70. Chamado à oração – *Oração muçulmana (Islã)*

71. Um Deus palpável – *Teilhard de Chardin (Cristianismo)*

72. A necessidade da vitória – *Chuang Tzu (Taoismo)*

73. Oração do lampadário – *Da liturgia bizantina (Cristianismo)*

74. O essencial é o amor – *Rûmî (Islã)*

75. Inunda com a sua presença a criação – *Patriarca Bartolomeu I (Cristianismo)*

76. Pela Cura *(Judaísmo)*

77. Eterno Deus Onipotente – *Francisco de Assis (Cristianismo)*

78. Minha chama na noite – *Rûmî (Islã)*

79. Que bebida divina – *Rabindranath Tagore (Hinduísmo)*

80. Por Deus, nosso Pai – *Walter Rauschenbusch (Cristianismo)*

81. O amor devorou-me – *Rûmî (Islã)*

82. Trovas ao Deus sacramental – *Leonardo Boff (Cristianismo)*

83. Quebrai todas as outras imagens – *Swami Vivekananda (Hinduísmo)*

84. Chama de amor viva – *João da Cruz (Cristianismo)*

85. Deus, sou teu servo – *Mishkat al-Masabih (Islã)*

86. A nossa noite se iluminou – *Leonardo Boff (Cristianismo)*

87. Hálito em todo hálito – *Kabir (Hinduísmo)*

88. Ó doce luz – *Edith Stein (Cristianismo)*

89. Tu és mais suave – *Rûmî (Islã)*

90. Minha vida é simples – *Riokan (Budismo)*

91. A cada noite – *Jochen Klepper (Cristianismo)*

92. Honro a divindade – *Rig-Veda X, 7,3 (Hinduísmo)*

93. Tu és o nosso pai – *Nicolau de Cusa (Cristianismo)*

94. Quão precioso é teu amor – *Salmo 36,6-10 (Judaísmo)*

95. Tu és um fogo ardente – *Catarina de Sena (Cristianismo)*

96. Quero gritar teu nome – *Yunus Emré (Islã)*

97. Tu moras em todos os seres – *Gopaladasa (Hinduísmo)*

98. Faze sentir teu calor – *Agostinho de Hipona (Cristianismo)*

99. Colóquio – *José Herculano Pires (Espiritismo)*

100. Um Deus para adorar – *Teilhard de Chardin (Cristianismo)*

101. A água jorrará ao teu redor – *Rûmî (Islã)*

102. Seguimento – *Agostinho de Hipona (Cristianismo)*

103. O Uno – *Rig-Veda X, 129,1-2 (Hinduísmo)*

104. Senhor, tu és a minha luz – *Cardeal Martini (Cristianismo)*

105. É tempo de amor – *Rûmî (Islã)*

106. Fogo de Pentecostes – *Edith Stein (Cristianismo)*

107. Deus te criou – *Kanakadasa (Hinduísmo)*

108. O nascimento interior de Deus – *Angelus Silesius (Cristianismo)*

109. Nada além de ti – *al-Bistami (Islã)*

110. Alarga-a – *Agostinho de Hipona (Cristianismo)*

111. Pedido por força vital – *Atharva-Veda XIX, 60,1-2 (Hinduísmo)*

112. Força irresistível e viva! – *Teilhard de Chardin (Cristianismo)*

113. O Senhor fala de paz – *Salmo 85,9-12 (Judaísmo)*

114. Já perdoaste – *Huub Oosterjuis (Cristianismo)*

115. Pedido por uma vida longa – *Atharva-Veda 63,1-8 (Hinduísmo)*

116. Aproximou-se de nós – *Leonardo Boff (Cristianismo)*

117. A buscar sempre o Um – *Rûmî (Islã)*

118. Aquece meu coração com teu amor – *Catarina de Sena (Cristianismo)*

119. Pedido por saúde – *Yajur-Veda III, 17 (Hinduísmo)*

120. A luz que habita todas as coisas – *Evangelho de Tomé (Cristianismo)*

121. A caminho – *Al Gazzâli (Islã)*

122. Oração para pedir o bom humor – *Tomás Morus (Cristianismo)*

123. Garanta-me dias felizes – *Rig-Veda II, 21,6 (Hinduísmo)*

124. Tarde te amei – *Agostinho de Hipona (Cristianismo)*

125. Volte para nós o olhar – *Rûmî (Islã)*

126. Porque Tu queres, então tenho coragem – *Rupert Mayer (Cristianismo)*

127. Encerramento da gira – *Cláudio Ribeiro Vieira (Umbanda)*

128. O desejo de te agradar – *Thomas Merton (Cristianismo)*

129. Deus seja louvado – *Yunus Emré (Islã)*

130. Louvores a Deus – *Francisco de Assis (Cristianismo)*

131. Possamos nos alegrar pela duração de nossa vida – *Rig-Veda 1,89,8 (Hinduísmo)*

132. Quão admirável é o teu olhar – *Nicolau de Cusa (Cristianismo)*

133. Ele vive junto a vós – *Rûmî (Islã)*

134. Bendita matéria – *Teilhard de Chardin (Cristianismo)*

135. Toma minha vida – *Swami Rama Tirtha (Hinduísmo)*

136. Desespero – *Martim Lutero (Cristianismo)*

137. O bom pastor – *Salmo 23 (Judaísmo)*

138. Fazei brilhar o vosso rosto – *Teilhard de Chardin (Cristianismo)*

139. Tem piedade deste emigrante – *Dhû'l-Nûn (Islã)*

140. Quebra os meus bloqueios – *Cardeal Martini (Cristianismo)*

141. Cantar o nome do Senhor – *Caitanya (Hinduísmo)*

142. Quero amar como tu – *Charles de Foucauld (Cristianismo)*

143. Todos sobre a terra passarão – *Corão 55,26-27 (Islã)*

144. Obrigado! – *Francisco de Sales (Cristianismo)*

145. Refúgio para teus pés – *Ramanuja (Hinduísmo)*

146. Lágrimas do pródigo – *Agostinho de Hipona (Cristianismo)*

147. As criaturas proclamam a glória de Deus – *Dhû'l-Nûn (Islã)*

148. Quem te olhar com alegria – *Nicolau de Cusa (Cristianismo)*

149. Ao Deus de nossos pais – *Oração judaica (Judaísmo)*

150. Não demores – *Marco Lucchesi (Cristianismo)*

151. Poema dos dois amores – *Râbi'a (Islã)*

152. Saborear a tua própria doçura – *Nicolau de Cusa (Cristianismo)*

153. O ser humano à procura de Deus – *Salmo 63,2-9 (Judaísmo)*

154. É um bem vos seguir – *Blaise Pascal (Cristianismo)*

155. Eis-me a ti – *al-Hallaj (Islã)*

156. Cântico das criaturas – *Francisco de Assis (Cristianismo)*

157. Linguagem de pássaros – *Attar (Islã)*

158. A comunhão cósmica – *Dostoievski (Cristianismo)*

159. Creio no sol *(Judaísmo)*

160. Que eu chegue a ti – *Tomás de Aquino (Cristianismo)*

161. Sou do Amado – *Rûmî (Islã)*

162. Obrigado! – *Lais Campos Moser (Cristianismo)*

163. Ouve, Israel (Shemá) – *Deuteronômio 6,4-9 e Números 15,37-41 (Judaísmo)*

164. És amado e louvado – *Thomas Merton (Cristianismo)*

165. Deus se antecipa ao homem – *al-Bistami (Islã)*

166. Dá-nos paz – *Dag Hammarskjöld (Cristianismo)*

167. Dá-me o coração de um servo desprendido – *Eknath (Hinduísmo)*

168. Ele escutou o soluço dos fracos – *Leonardo Boff (Cristianismo)*

169. Prece dos aflitos – *Emmanuel – Psicografia de Chico Xavier (Espiritismo)*

170. Tu nos amas por primeiro – *Søren Kierkegaard (Cristianismo)*

171. Um serviço a ti – *Sankara (Hinduísmo)*

172. Dá-me luz – *Tichon di Zadonsk (Cristianismo)*

173. Flor das águas – *Mestre Irineu (Santo Daime)*

174. Oração da noite – *Dietrich Bonhoeffer (Cristianismo)*

175. Em busca do amado – *Rûmî (Islã)*

176. Onde te escondeste – *João da Cruz (Cristianismo)*

177. A ninguém submisso – *Appar (Hinduísmo)*

178. Diante do presépio: eu sonho – *Martin L. King (Cristianismo)*

179. Minha amada – *Cântico dos Cânticos 2,13b-14 (Judaísmo)*

180. Saudades de Deus – *Teresa d'Ávila (Cristianismo)*

181. Eternamente a seu lado – *Rûmî (Islã)*

182. Entra pela porta do meu coração – *João Crisóstomo (Cristianismo)*

183. Por estar em tua presença – *Dhû'l-Nûn (Islã)*

184. Sobre a minha patena e o meu cálice – *Teilhard de Chardin (Cristianismo)*

185. Cântico de Daniel – *Daniel 3,57 (Judaísmo)*

186. Sonhar – *Carlos Rodrigues Brandão (Cristianismo)*

187. Ele te responderá – *Rûmî (Islã)*

188. Se te quiser ver – *Nicolau de Cusa (Cristianismo)*

189. A alegria de Deus – *Isaías 35,1-4 (Judaísmo)*

190. Bem-aventurados os pacíficos, porque serão chamados filhos de Deus (Mateus 5,9) – *Charles de Foucauld (Cristianismo)*

191. Vem! – *Rûmî (Islã)*

192. Jesus, ajuda-me – *Hermán Gregorio Vera (Cristianismo)*

193. Fruição da vida como dom de Deus – *Eclesiastes 9,7-9 (Judaísmo)*

194. Sois Vós – *Teilhard de Chardin (Cristianismo)*

195. Unificação do coração – *Atharva-Veda III, 30,1-3 (Hinduísmo)*

196. Meu Senhor e meu Deus – *Klaus von Flüe (Cristianismo)*

197. Sigo buscando a fonte da doçura – *Rûmî (Islã)*

198. A inquietação e o regaço de Deus – *Agostinho de Hipona (Cristianismo)*

199. Unidade – *Rig-Veda X, 191,2-4 (Hinduísmo)*

200. O impulso do amor – *Tomás de Kempis (Cristianismo)*

201. Por meio do meu Senhor – *Dhû'l-Nûn (Islã)*

202. Comunhão – *Teilhard de Chardin (Cristianismo)*

203. Concórdia – *Atharva-Veda VIII, 52,1-2 (Hinduísmo)*

204. Pelos que vão morrer – *Walter Rauschenbusch (Cristianismo)*

205. O mundo além das palavras – *Rûmî (Islã)*

206. Tu estás sempre ao nosso lado – *Nicolau de Cusa (Cristianismo)*

207. Olhar com os olhos do amigo – *Yajur-Veda XXXVI, 18 (Hinduísmo)*

208. A essência do amor – *Charles de Foucauld (Cristianismo)*

209. Não encontrarás – *Rûmî (Islã)*

210. A nossa pouca fé – *Cardeal Martini (Cristianismo)*

211. Pertenço a ti e a ninguém mais! – *Haridasa (Hinduísmo)*

212. Já o possuímos pela graça – *Thomas Merton (Cristianismo)*

213. Dons e tarefas – *Jizchak Lamdan (Judaísmo)*

214. Mensagem em nome dos anjos – *Leonardo Boff (Cristianismo)*

215. Dá-me um coração puro! – *Ramakrishna (Hinduísmo)*

216. Guia-me para além – *Pseudo-Dionísio Areopagita (Cristianismo)*

217. O Amado é vosso vizinho – *Rûmî (Islã)*

218. Me abismar em Vós – *Teilhard de Chardin (Cristianismo)*

219. Perdoa-me – *Rig-Veda VIII, 45,34 (Hinduísmo)*

220. Oração da noite – *Oração muçulmana (Islã)*

221. Força na mão de Deus – *Efrém o Sírio (Cristianismo)*

222. Oração de domingo – *Etty Hillesum (Judaísmo)*

223. Ao sair da casa de oração – *Ahmad (Islã)*

224. Vós o concedeis a mim – *Teilhard de Chardin (Cristianismo)*

225. Somos teus – *Rig-Veda VIII, 92,32; 66,13 (Hinduísmo)*

226. Ao Deus único e verdadeiro – *Romano Guardini (Cristianismo)*

227. Dons de tua benevolência – *Al Gazzâli (Islã)*

228. Ação de graças – *Tomás de Aquino (Cristianismo)*

229. Deus, põe luz em meu coração – *Bukhari (Islã)*

230. Senhor, esteja à nossa frente – *Nathan Söderblom (Cristianismo)*

231. Oração do inverno *(Judaísmo)*

232. Na palma de vossa mão – *Tomás de Kempis (Cristianismo)*

233. Aberto a todas as formas – *Ibn Arabi (Islã)*

234. A glória de Deus – *Raïssa Maritain (Cristianismo)*

235. A mãe divina mora em meu coração – *Ramprasad Sem (Hinduísmo)*

236. Não me abandonas – *Nicolau de Cusa (Cristianismo)*

237. Um homem que ora – *Jizchak Lamdan (Judaísmo)*

238. Meditação sobre o amor de Deus – *Bernardo de Claraval (Cristianismo)*

239. Nos cobre com seu calor – *Rûmî (Islã)*

240. Oração a Deus Pai na Vigília de Pentecostes – *Thomas Merton (Cristianismo)*

241. Vem, meu amado *(Judaísmo)*

242. Ouve – *Tomás de Kempis (Cristianismo)*

243. Como um pássaro em alto-mar – *Kulasekhara Alvar (Hinduísmo)*

244. Oração diante do crucifixo – *Francisco de Assis (Cristianismo)*

245. Ó meu Amado – *Dhû'l-Nûn (Islã)*

246. Na intimidade de Deus – *Agostinho de Hipona (Cristianismo)*

247. Em tua casa – *Kabir (Islã)*

248. Beber – *Carlos Rodrigues Brandão (Cristianismo)*

249. Oh mãe, meu coração está partido – *Ramprasad Sem (Hinduísmo)*

250. Tive a caça ao alcance – *João da Cruz (Cristianismo)*

251. No fundo do vale passa um rio – *Omar Khayyan (Islã)*

252. Hino a Deus – *Gregório Nazianzeno (Cristianismo)*

253. Deus, conduza-me – *Tirmidhi (Islã)*

254. Presença real – *Teilhard de Chardin (Cristianismo)*

255. Nada mais do que praticar o direito – *Miqueias 6,8 (Judaísmo)*

256. Que de toda parte brilhe o vosso rosto – *Teilhard de Chardin (Cristianismo)*

257. O Bem-amado é como a vela – *Rûmî (Islã)*

258. A quem consagrei minha vida – *Dag Hammarskjöld (Cristianismo)*

259. Busco no silêncio uma resposta – *Riokan (Budismo)*

260. Meu Deus e meu tudo – *Tomás de Kempis (Cristianismo)*

261. O semblante do amado – *Diwan Muhammad Ibn Al-Habib (Islã)*

262. Na tua vontade está nossa paz – *Thomas Merton (Cristianismo)*

263. Não há palavras – *Corão 31,27 (Islã)*

264. Oração ao Deus desconhecido – *Friedrich Nietzsche (Cristianismo)*

265. Ao Deus da esperança *(Judaísmo)*

266. Pelo voo de Deus quero me guiar – *Jorge de Lima (Cristianismo)*

267. Eu nado em ti – *Rûmî (Islã)*

268. Solidão Sonora – *Thomas Merton (Cristianismo)*

269. Não me preocupo com o louvor dos outros – *Riokan (Budismo)*

270. Cactos florescendo na noite – *Thomas Merton (Cristianismo)*

271. Oração para começar uma viagem – *Oração judaica (Judaísmo)*

272. A luz do sol – *Nicolau de Cusa (Cristianismo)*

273. Não me esqueça! – *T.L. Vaswani (Hinduísmo)*

274. Um novo dia está diante de nós – *Walter Rauschenbusch (Cristianismo)*

275. Sonhos – *Saul Tschernikowsky (Judaísmo)*

276. Hino ao amor – *Paulo de Tarso (1ª Coríntios 13,1-7) (Cristianismo)*

277. Em situação de pensamentos e impulsos ruins – *Bukhari (Islã)*

278. Uma paz inefável – *Thomas Merton (Cristianismo)*

279. Sentei a noite inteira e esperei – *Mirabai (Hinduísmo)*

280. Quão admirável é a tua face – *Nicolau de Cusa (Cristianismo)*

281. Meu olhar fixo na eternidade – *Rûmî (Islã)*

282. Oração de quem se sente abandonado – *Søren Kierkegaard (Cristianismo)*

283. Ó sono, quero te vender – *Lachi Rama (Hinduísmo)*

284. Um fogo que sempre arde – *Catarina de Sena (Cristianismo)*

285. Perto de ti – *Yunus Emré (Islã)*

286. Oração pela unidade de todos os fiéis do mundo – *Nicolau de Cusa (Cristianismo)*

287. Escolhe, pois, a vida – *Deuteronômio 30,19-20 (Judaísmo)*

288. Faze-me amar graças à presença – *Charles de Foucauld (Cristianismo)*

289. Como o sol – *Rûmî (Islã)*

290. No momento da dor – *Søren Kierkegaard (Cristianismo)*

291. Deus, Tu conheces o escondido – *Nasa'i (Islã)*

292. Tua ternura – *Ernesto Cardenal (Cristianismo)*

293. Quem tem piedade de nós? – *Rig-Veda X, 64,1-2 (Hinduísmo)*

294. Por este mundo – *Walter Rauschenbusch (Cristianismo)*

295. A chama desse amor – *Rûmî (Islã)*

296. Oração à Trindade – *Catarina de Sena (Cristianismo)*

297. Sábado – *Do ritual judaico: Shaharith (Judaísmo)*

298. Se eu pudesse trincar a terra toda – *Fernando Pessoa (Cristianismo)*

299. Na sua sombra – *Rûmî (Islã)*

300. Agradeço-te – *Romano Guardini (Cristianismo)*

301. Tu enches o cálice do verdadeiro amor – *Kabir (Hinduísmo)*

302. Te amar – *Thomas Merton (Cristianismo)*

303. Na oração, a alma está em casa – *Rabino Abraham Jehoschua Heschel (Judaísmo)*

304. No monte da contemplação – *Cardeal Martini (Cristianismo)*

305. Nada me está mais vizinho – *Rûmî (Islã)*

306. A experiência de Deus – *Angelus Silesius (Cristianismo)*

307. Na armadilha do amor – *Surdas (Hinduísmo)*

308. Para melhor vos abraçar – *Teilhard de Chardin (Cristianismo)*

309. Meu Deus, ensina-me – *Ora Ilan-Guttmann (Judaísmo)*

310. Oração vespertina – *Walter Rauschenbusch (Cristianismo)*

311. Deus é o amor – *Tirumular (Hinduísmo)*

312. A vida em profundidade – *Jürgen Moltmann (Cristianismo)*

313. Eu era o seu encanto todos os dias – *Provérbios 8,22-31 (Judaísmo)*

314. Ao fogo do amor – *Catarina de Sena (Cristianismo)*

315. Tu e eu – *Rûmî (Islã)*

316. A Deus – *Søren Kierkegaard (Cristianismo)*

317. Não há senão Ele – *Rûmî (Islã)*

318. Suscipe – *Inácio de Loyola (Cristianismo)*

319. Na tranquilidade e na paz – *Riokan (Budismo)*

320. Os mais queridos – *Agostinho de Hipona (Cristianismo)*

321. Nesse dia, serás uno – *Rabino Zalman Schachter-Shalomi (Judaísmo)*

322. Pelo mar desconhecido da caridade – *Teilhard de Chardin (Cristianismo)*

323. Sou um mendigo à tua porta – *Tukaram (Hinduísmo)*

324. Quero dizer-te obrigado – *Uma adolescente (Cristianismo)*

325. Amor que dá vida – *Rûmî (Islã)*

326. Ao Senhor Jesus – *Angelus Silesius (Cristianismo)*

327. Estou em paz com todos – *Riokan (Budismo)*

328. Viver – *Irmã Adriana Rekelhof (Cristianismo)*

329. As invocações – *Ansârî (Islã)*

330. Se Deus – *Fernando Pessoa (Cristianismo)*

331. Faz-nos sábios *(Islã)*

332. A porta do Senhor – *Da liturgia eucarística siríaca (Cristianismo)*

333. Com os olhos daqueles que o amam – *Rûmî (Islã)*

334. Caio aos teus pés – *Efrém o Sírio (Cristianismo)*

335. A bem-aventurança está no infinito – *Chandogya Upanishad VII,23-25,1 (Hinduísmo)*

336. A ceia que enamora – *João da Cruz (Cristianismo)*

337. Mostra-me as coisas tais como são – *Rûmî (Islã)*

338. Dedicatória – *Raïssa Maritain (Cristianismo)*

339. Bênção judaica (*Judaísmo*)

340. O cervo místico e sua fonte – *Angelus Silesius (Cristianismo)*

341. Os amantes – *Rûmî (Islã)*

342. Creio para compreender – *Anselmo de Cantuária (Cristianismo)*

343. Volta à casa – *Mirabei (Hinduísmo)*

344. Sem ti – *Cardeal Martini (Cristianismo)*

345. Dê alegria a meu olhar – *Rûmî (Islã)*

346. E no entanto queres dar-nos alegria – *Dietrich Bonhoeffer (Cristianismo)*

347. Tu me seduziste, Senhor – *Jeremias 20,7-9.11 (Judaísmo)*

348. Súplica – *Tichon di Zadonsk (Cristianismo)*

349. Às margens da luz – *Ramalinga Swamigal (Hinduísmo)*

350. Dá-me tua mão – *Rainer Maria Rilke (Cristianismo)*

351. Ternura que abraça – *Salmo 144 (Judaísmo)*

352. Pouco me basta – *Khliébnikov (Cristianismo)*

353. Recreio – *Rabindranath Tagore (Hinduísmo)*

354. Quando amam – *Khliébnikov (Cristianismo)*

355. Nos braços nus da vida – *Etty Hillesum (Judaísmo)*

356. Viver simplesmente – *Fernando Pessoa (Cristianismo)*

357. A mão que conduz – *Salmo 139 (Judaísmo)*

358. Vaidade – *Giuseppe Ungaretti (Cristianismo)*

359. Trato bem de ti – *Etty Hillesum (Judaísmo)*

360. Em teu louvor – *Agostinho de Hipona (Cristianismo)*

361. Na borda do silêncio – *Vivekananda (Hinduísmo)*

362. A cada momento – *Fernando Pessoa (Cristianismo)*

IV.2. Índice alfabético

101. A água jorrará ao teu redor – *Rûmî (Islã)*

189. A alegria de Deus – *Isaías 35,1-4 (Judaísmo)*

335. A bem-aventurança está no infinito – *Chandogya Upanishad VII,23-25,1 (Hinduísmo)*

117. A buscar sempre o Um – *Rûmî (Islã)*

362. A cada momento – *Fernando Pessoa (Cristianismo)*

91. A cada noite – *Jochen Klepper (Cristianismo)*

121. A caminho – *Al Gazzâli (Islã)*

336. A ceia que enamora – *João da Cruz (Cristianismo)*

295. A chama desse amor – *Rûmî (Islã)*

158. A comunhão cósmica – *Dostoievski (Cristianismo)*

316. A Deus – *Søren Kierkegaard (Cristianismo)*

208. A essência do amor – *Charles de Foucauld (Cristianismo)*

306. A experiência de Deus – *Angelus Silesius (Cristianismo)*

234. A glória de Deus – *Raïssa Maritain (Cristianismo)*

198. A inquietação e o regaço de Deus – *Agostinho de Hipona (Cristianismo)*

272. A luz do sol – *Nicolau de Cusa (Cristianismo)*

120. A luz que habita todas as coisas – *Evangelho de Tomé (Cristianismo)*

235. A mãe divina mora em meu coração – *Ramprasad Sem (Hinduísmo)*

357. A mão que conduz – *Salmo 139 (Judaísmo)*

72. A necessidade da vitória – *Chuang Tzu (Taoismo)*

177. A ninguém submisso – *Appar (Hinduísmo)*

86. A nossa noite se iluminou – *Leonardo Boff (Cristianismo)*

210. A nossa pouca fé – *Cardeal Martini (Cristianismo)*

332. A porta do Senhor – *Da liturgia eucarística siríaca (Cristianismo)*

258. A quem consagrei minha vida – *Dag Hammarskjöld (Cristianismo)*

3. A ti somente adoramos (Al Fatiha) – *Corão 1,1-7 (Islã)*

36. A vida é complicada – *Kodo Sawaki (Budismo)*

312. A vida em profundidade – *Jürgen Moltmann (Cristianismo)*

233. Aberto a todas as formas – *Ibn Arabi (Islã)*

228. Ação de graças – *Tomás de Aquino (Cristianismo)*

40. Ação de graças (*Judaísmo*)

300. Agradeço-te – *Romano Guardini (Cristianismo)*

64. Agradeço-te, Senhor Jesus – *Hermann Bezzel (Cristianismo)*

110. Alarga-a – *Agostinho de Hipona (Cristianismo)*

325. Amor que dá vida – *Rûmî (Islã)*

49. Ao ardente desejo – *Dhû'l-Nûn (Islã)*

265. Ao Deus da esperança (*Judaísmo*)

149. Ao Deus de nossos pais – *Oração judaica (Judaísmo)*

226. Ao Deus único e verdadeiro – *Romano Guardini (Cristianismo)*

7. Ao entrar na casa de oração – *Abu Dawud, Tirmidhi, Ibn Majah (Islã)*

314. Ao fogo do amor – *Catarina de Sena (Cristianismo)*

223. Ao sair da casa de oração – *Ahmad (Islã)*

326. Ao Senhor Jesus – *Angelus Silesius (Cristianismo)*

62. Aproximar-se de ti – *Nicolau de Cusa (Cristianismo)*

116. Aproximou-se de nós – *Leonardo Boff (Cristianismo)*

118. Aquece meu coração com teu amor – *Catarina de Sena (Cristianismo)*

147. As criaturas proclamam a glória de Deus – *Dhû'l-Nûn (Islã)*

329. As invocações – *Ansârî (Islã)*

349. Às margens da luz – *Ramalinga Swamigal (Hinduísmo)*

13. As montanhas, os rios, o Zen – *Sentença Zen (Budismo)*

28. Ato de Submissão e Resignação – *Allan Kardec (Espiritismo)*

248. Beber – *Carlos Rodrigues Brandão (Cristianismo)*

66. Beleza – *Darimi (Islã)*

190. Bem-aventurados os pacíficos, porque serão chamados filhos de Deus (Mateus 5,9) – *Charles de Foucauld (Cristianismo)*

21. Bênção – *Rabindranath Tagore (Hinduísmo)*

20. Bênção irlandesa (*Cristianismo*)

339. Bênção judaica (*Judaísmo*)

134. Bendita matéria – *Teilhard de Chardin (Cristianismo)*

43. Brahman, a unidade total – *Mundaka Upanishad II, 2,2. 5-6 (Hinduísmo)*

1. Brevidade da vida humana – *Salmo 90 – Oração de Moisés (Judaísmo)*

24. Buscando a Deus – *Teresa d'Ávila (Cristianismo)*

259. Busco no silêncio uma resposta – *Riokan (Budismo)*

44. Busco teu nome – *Yunus Emré (Islã)*

270. Cactos florescendo na noite – *Thomas Merton (Cristianismo)*

334. Caio aos teus pés – *Efrém o Sírio (Cristianismo)*

141. Cantar o nome do Senhor – *Caitanya (Hinduísmo)*

156. Cântico das criaturas – *Francisco de Assis (Cristianismo)*

185. Cântico de Daniel – *Daniel 3,57 (Judaísmo)*

58. Canto de união – *Oração Russa (Cristianismo)*

84. Chama de amor viva – *João da Cruz (Cristianismo)*

70. Chamado à oração – *Oração muçulmana (Islã)*

99. Colóquio – *José Herculano Pires (Espiritismo)*

333. Com os olhos daqueles que o amam – *Rûmî (Islã)*

289. Como o sol – *Rûmî (Islã)*

243. Como um pássaro em alto-mar – *Kulasekhara Alvar (Hinduísmo)*

202. Comunhão – *Teilhard de Chardin (Cristianismo)*

14. Concedei-me, Senhor – *Tomás de Aquino (Cristianismo)*

203. Concórdia – *Atharva-Veda VIII, 52,1-2 (Hinduísmo)*

52. Conduz-me, doce luz – *John Henry Newman (Cristianismo)*

159. Creio no sol *(Judaísmo)*

342. Creio para compreender – *Anselmo de Cantuária (Cristianismo)*

172. Dá-me luz – *Tichon di Zadonsk (Cristianismo)*

167. Dá-me o coração de um servo desprendido – *Eknath (Hinduísmo)*

350. Dá-me tua mão – *Rainer Maria Rilke (Cristianismo)*

215. Dá-me um coração puro! – *Ramakrishna (Hinduísmo)*

166. Dá-nos paz – *Dag Hammarskjöld (Cristianismo)*

345. Dê alegria a meu olhar – *Rûmî (Islã)*

39. Decálogo da felicidade – *Jesus Cristo (Mateus 5,3-12)(Cristianismo)*

338. Dedicatória – *Raïssa Maritain (Cristianismo)*

32. Deixar cair corpo e mente – *Dogen – Genjôkoan (Shôbôgenzô) (Budismo)*

23. Desde a aurora eu te procuro *(Judaísmo)*

136. Desespero – *Martim Lutero (Cristianismo)*

68. Deus contou todo piscar de olhos – *Atharva-Veda VI, 16,5 (Hinduísmo)*

311. Deus é o amor – *Tirumular (Hinduísmo)*

165. Deus se antecipa ao homem – *al-Bistami (Islã)*

129. Deus seja louvado – *Yunus Emré (Islã)*

107. Deus te criou – *Kanakadasa (Hinduísmo)*

253. Deus, conduza-me – *Tirmidhi (Islã)*

229. Deus, põe luz em meu coração – *Bukhari (Islã)*

85. Deus, sou teu servo – *Mishkat al-Masabih (Islã)*

291. Deus, Tu conheces o escondido – *Nasa'i (Islã)*

178. Diante do presépio: eu sonho – *Martin L. King (Cristianismo)*

227. Dons de tua benevolência – *Al Gazzâli (Islã)*

213. Dons e tarefas – *Jizchak Lamdan (Judaísmo)*

31. E esqueceu-se de partir – *Rûmî (Islã)*

346. E no entanto queres dar-nos alegria – *Dietrich Bonhoeffer (Cristianismo)*

22. E se ainda desejo alguma coisa – *Al-Hallaj (Islã)*

105. É tempo de amor – *Rûmî (Islã)*

154. É um bem vos seguir – *Blaise Pascal (Cristianismo)*

155. Eis-me a ti – *Al-Hallaj (Islã)*

168. Ele escutou o soluço dos fracos – *Leonardo Boff (Cristianismo)*

187. Ele te responderá – *Rûmî (Islã)*

133. Ele vive junto a vós – *Rûmî (Islã)*

175. Em busca do amado – *Rûmî (Islã)*

277. Em situação de pensamentos e impulsos ruins – *Bukhari (Islã)*

360. Em teu louvor – *Agostinho de Hipona (Cristianismo)*

247. Em tua casa – *Kabir (Islã)*

127. Encerramento da gira – *Cláudio Ribeiro Vieira (Umbanda)*

37. Ensina-nos teus caminhos – *Basílio de Cesareia (Cristianismo)*

182. Entra pela porta do meu coração – *João Crisóstomo (Cristianismo)*

164. És amado e louvado – *Thomas Merton (Cristianismo)*

287. Escolhe, pois, a vida – *Deuteronômio 30,19-20 (Judaísmo)*

327. Estou em paz com todos – *Riokan (Budismo)*

181. Eternamente a seu lado – *Rûmî (Islã)*

77. Eterno Deus Onipotente – *Francisco de Assis (Cristianismo)*

313. Eu era o seu encanto todos os dias – *Provérbios 8,22-31 (Judaísmo)*

267. Eu nado em ti – *Rûmî (Islã)*

69. Eu te trarei no sangue – *Rainer Maria Rilke (Cristianismo)*

98. Faze sentir teu calor – *Agostinho de Hipona (Cristianismo)*

138. Fazei brilhar o vosso rosto – *Teilhard de Chardin (Cristianismo)*

288. Faze-me amar graças à presença – *Charles de Foucauld (Cristianismo)*

331. Faz-nos sábios *(Islã)*

173. Flor das águas – *Mestre Irineu (Santo Daime)*

106. Fogo de Pentecostes – *Edith Stein (Cristianismo)*

112. Força irresistível e viva! – *Teilhard de Chardin (Cristianismo)*

221. Força na mão de Deus – *Efrém o Sírio (Cristianismo)*

193. Fruição da vida como dom de Deus – *Eclesiastes 9,7-9 (Judaísmo)*

123. Garanta-me dias felizes – *Rig-Veda II, 21,6 (Hinduísmo)*

216. Guia-me para além – *Pseudo-Dionísio Areopagita (Cristianismo)*

87. Hálito em todo hálito – *Kabir (Hinduísmo)*

252. Hino a Deus – *Gregório Nazianzeno (Cristianismo)*

38. Hino à Umbanda – *J.M. Alves (Umbanda)*

276. Hino ao amor – *Paulo de Tarso (1ª Coríntios 13,1-7) (Cristianismo)*

51. Hino ao Senhor do universo – *Salmo 148 (Judaísmo)*

92. Honro a divindade – *Rig-Veda X, 7,3 (Hinduísmo)*

75. Inunda com a sua presença a criação – *Patriarca Bartolomeu I (Cristianismo)*

212. Já o possuímos pela graça – *Thomas Merton (Cristianismo)*

114. Já perdoaste – *Huub Oosterjuis (Cristianismo)*

192. Jesus, ajuda-me – *Hermán Gregorio Vera (Cristianismo)*

146. Lágrimas do pródigo – *Agostinho de Hipona (Cristianismo)*

157. Linguagem de pássaros – *Attar (Islã)*

130. Louvores a Deus – *Francisco de Assis (Cristianismo)*

218. Me abismar em Vós – *Teilhard de Chardin (Cristianismo)*

238. Meditação sobre o amor de Deus – *Bernardo de Claraval (Cristianismo)*

214. Mensagem em nome dos anjos – *Leonardo Boff (Cristianismo)*

260. Meu Deus e meu tudo – *Tomás de Kempis (Cristianismo)*

309. Meu Deus, ensina-me – *Ora Ilan-Guttmann (Judaísmo)*

281. Meu olhar fixo na eternidade – *Rûmî (Islã)*

196. Meu Senhor e meu Deus – *Klaus von Flüe (Cristianismo)*

179. Minha amada – *Cântico dos Cânticos 2,13b-14 (Judaísmo)*

78. Minha chama na noite – *Rûmî (Islã)*

90. Minha vida é simples – *Riokan (Budismo)*

337. Mostra-me as coisas tais como são – *Rûmî (Islã)*

307. Na armadilha do amor – *Surdas (Hinduísmo)*

361. Na borda do silêncio – *Vivekananda (Hinduísmo)*

35. Na chama da vela! – *Goethe (Cristianismo)*

246. Na intimidade de Deus – *Agostinho de Hipona (Cristianismo)*

303. Na oração, a alma está em casa – *Rabino Abraham Jehos-chua Heschel (Judaísmo)*

232. Na palma de vossa mão – *Tomás de Kempis (Cristianismo)*

299. Na sua sombra – *Rûmî (Islã)*

319. Na tranquilidade e na paz – *Riokan (Budismo)*

262. Na tua vontade está nossa paz – *Thomas Merton (Cristia-nismo)*

109. Nada além de ti – *al-Bistami (Islã)*

255. Nada mais do que praticar o direito – *Miqueias 6,8 (Judaís-mo)*

305. Nada me está mais vizinho – *Rûmî (Islã)*

150. Não demores – *Marco Lucchesi (Cristianismo)*

209. Não encontrarás – *Rûmî (Islã)*

263. Não há palavras – *Corão 31,27 (Islã)*

317. Não há senão Ele – *Rûmî (Islã)*

236. Não me abandonas – *Nicolau de Cusa (Cristianismo)*

273. Não me esqueça! – *T.L. Vaswani (Hinduísmo)*

269. Não me preocupo com o louvor dos outros – *Riokan (Bu-dismo)*

60. Não sei o que és – *Nicolau de Cusa (Cristianismo)*

41. Nascido para ser monge – *Riokan (Budismo)*

321. Nesse dia, serás uno – *Rabino Zalman Schachter-Shalomi (Judaísmo)*

251. No fundo do vale passa um rio – *Omar Khayyan (Islã)*

290. No momento da dor – *Søren Kierkegaard (Cristianismo)*

304. No monte da contemplação – *Cardeal Martini (Cristianismo)*

355. Nos braços nus da vida – *Etty Hillesum (Judaísmo)*

239. Nos cobre com seu calor – *Rûmî (Islã)*

217. O Amado é vosso vizinho – *Rûmî (Islã)*

313

81. O amor devorou-me – *Rûmî (Islã)*

257. O Bem-amado é como a vela – *Rûmî (Islã)*

137. O bom pastor – *Salmo 23 (Judaísmo)*

340. O cervo místico e sua fonte – *Angelus Silesius (Cristianismo)*

34. O criador da luz *(Judaísmo)*

47. Ó Deidade – *Catarina de Sena (Cristianismo)*

128. O desejo de te agradar – *Thomas Merton (Cristianismo)*

88. Ó doce luz – *Edith Stein (Cristianismo)*

74. O essencial é o amor – *Rûmî (Islã)*

10. O eterno descobrimento – *Teilhard de Chardin (Cristianismo)*

200. O impulso do amor – *Tomás de Kempis (Cristianismo)*

27. O meio divino do descobrimento – *Teilhard de Chardin (Cristianismo)*

245. Ó meu Amado – *Dhû'l-Nûn (Islã)*

205. O mundo além das palavras – *Rûmî (Islã)*

108. O nascimento interior de Deus – *Angelus Silesius (Cristianismo)*

46. O poder da vida – *Tao Te Ching (Taoismo)*

16. O que é meditação – *Thich Nhat Hanh (Budismo)*

261. O semblante do amado – *Diwan Muhammad Ibn Al-Habib (Islã)*

113. O Senhor fala de paz – *Salmo 85,9-12 (Judaísmo)*

65. O Senhor, esperança dos infelizes – *Salmo 146 (Judaísmo)*

153. O ser humano à procura de Deus – *Salmo 63,2-9 (Judaísmo)*

283. Ó sono, quero te vender – *Lachi Rama (Hinduísmo)*

61. O todo sapiente – *Atharva-veda IV, 16,2 (Hinduísmo)*

103. O Uno – *Rig-Veda X, 129,1-2 (Hinduísmo)*

8. Obrigado por este momento – *Rabino Michael Lerner (Judaísmo)*

144. Obrigado! – *Francisco de Sales (Cristianismo)*

162. Obrigado! – *Lais Campos Moser (Cristianismo)*

11. Oceano infinito – *Rûmî (Islã)*

30. Oferenda com amor – *Bhagavad Gita IX, 26 (Hinduísmo)*

249. Oh mãe, meu coração está partido – *Ramprasad Sem (Hinduísmo)*

42. Olha, Senhor – *Martim Lutero (Cristianismo)*

207. Olhar com os olhos do amigo – *Yajur-Veda XXXVI, 18 (Hinduísmo)*

5. OM – *Brihadaranyaka Upanishad V,1 (Hinduísmo)*

176. Onde te escondeste – *João da Cruz (Cristianismo)*

240. Oração a Deus Pai na Vigília de Pentecostes – *Thomas Merton (Cristianismo)*

296. Oração à Trindade – *Catarina de Sena (Cristianismo)*

264. Oração ao Deus desconhecido – *Friedrich Nietzsche (Cristianismo)*

4. Oração da ecumene abraâmica – *Hans Küng (Cristianismo)*

56. Oração da intimidade com Deus – *Dag Hammarskjöld (Cristianismo)*

174. Oração da noite – *Dietrich Bonhoeffer (Cristianismo)*

220. Oração da noite – *Oração muçulmana (Islã)*

222. Oração de domingo – *Etty Hillesum (Judaísmo)*

282. Oração de quem se sente abandonado – *Søren Kierkegaard (Cristianismo)*

244. Oração diante do crucifixo – *Francisco de Assis (Cristianismo)*

29. Oração do abandono – *Charles de Foucauld (Cristianismo)*

231. Oração do inverno *(Judaísmo)*

73. Oração do lampadário – *Da liturgia bizantina (Cristianismo)*

67. Oração especial de encerramento – *Thomas Merton (Cristianismo)*

271. Oração para começar uma viagem – *Oração judaica (Judaísmo)*

122. Oração para pedir o bom humor – *Tomás Morus (Cristianismo)*

17. Oração pela paz – *Francisco de Assis (atribuída) (Cristianismo)*

25. Oração pela paz – *Oração muçulmana (Islã)*

286. Oração pela unidade de todos os fiéis do mundo – *Nicolau de Cusa (Cristianismo)*

310. Oração vespertina – *Walter Rauschenbusch (Cristianismo)*

48. Origem de todas as coisas – *Purandaradasa (Hinduísmo)*

341. Os amantes – *Rûmî (Islã)*

63. Os céus estão repletos de tua luz – *Rûmî (Islã)*

320. Os mais queridos – *Agostinho de Hipona (Cristianismo)*

242. Ouve – *Tomás de Kempis (Cristianismo)*

163. Ouve, Israel (Shemá) – *Deuteronômio 6,4-9 e Números 15,37-41 (Judaísmo)*

308. Para melhor vos abraçar – *Teilhard de Chardin (Cristianismo)*

111. Pedido por força vital – *Atharva-Veda XIX, 60,1-2 (Hinduísmo)*

119. Pedido por saúde – *Yajur-Veda III, 17 (Hinduísmo)*

115. Pedido por uma vida longa – *Atharva-Veda 63,1-8 (Hinduísmo)*

76. Pela Cura *(Judaísmo)*

322. Pelo mar desconhecido da caridade – *Teilhard de Chardin (Cristianismo)*

266. Pelo voo de Deus quero me guiar – *Jorge de Lima (Cristianismo)*

204. Pelos que vão morrer – *Walter Rauschenbusch (Cristianismo)*

219. Perdoa-me – *Rig-Veda VIII, 45,34 (Hinduísmo)*

211. Pertenço a ti e a ninguém mais! – *Haridasa (Hinduísmo)*

285. Perto de ti – *Yunus Emré (Islã)*

151. Poema dos dois amores – *Râbi'a (Islã)*

80. Por Deus, nosso Pai – *Walter Rauschenbusch (Cristianismo)*

183. Por estar em tua presença – *Dhû'l-Nûn (Islã)*

294. Por este mundo – *Walter Rauschenbusch (Cristianismo)*

201. Por meio do meu Senhor – *Dhû'l-Nûn (Islã)*

126. Porque Tu queres, então tenho coragem – *Rupert Mayer (Cristianismo)*

131. Possamos nos alegrar pela duração de nossa vida – *Rig-Veda 1,89,8 (Hinduísmo)*

352. Pouco me basta – *Khliébnikov (Cristianismo)*

53. Prece da caridade – *Espírito Caritas (Espiritismo)*

6. Prece de Simeão – *Lucas 2,29-32 (Cristianismo)*

169. Prece dos aflitos – *Emmanuel – Psicografia de Chico Xavier (Espiritismo)*

2. Prece final – *Prece budista (Budismo)*

254. Presença real – *Teilhard de Chardin (Cristianismo)*

26. Promessa da libertação – *Vajracchedika 3 (Budismo)*

354. Quando amam – *Khliébnikov (Cristianismo)*

280. Quão admirável é a tua face – *Nicolau de Cusa (Cristianismo)*

132. Quão admirável é o teu olhar – *Nicolau de Cusa (Cristianismo)*

94. Quão precioso é teu amor – *Salmo 36,6-10 (Judaísmo)*

79. Que bebida divina – *Rabindranath Tagore (Hinduísmo)*

256. Que de toda parte brilhe o vosso rosto – *Teilhard de Chardin (Cristianismo)*

160. Que eu chegue a ti – *Tomás de Aquino (Cristianismo)*

54. Que sejamos um – *Rev. Alan Jones (Cristianismo)*

9. Que todas as criaturas tenham felicidade – *Oração tibetana do desejo (Budismo)*

140. Quebra os meus bloqueios – *Cardeal Martini (Cristianismo)*

83. Quebrai todas as outras imagens – *Swami Vivekananda (Hinduísmo)*

148. Quem te olhar com alegria – *Nicolau de Cusa (Cristianismo)*

293. Quem tem piedade de nós? – *Rig-Veda X, 64,1-2 (Hinduísmo)*

142. Quero amar como tu – *Charles de Foucauld (Cristianismo)*

324. Quero dizer-te obrigado – *Uma adolescente (Cristianismo)*

96. Quero gritar teu nome – *Yunus Emré (Islã)*

353. Recreio – *Rabindranath Tagore (Hinduísmo)*

19. Refúgio nas três joias – *Prece budista (Budismo)*

145. Refúgio para teus pés – *Ramanuja (Hinduísmo)*

297. Sábado – *Do ritual judaico: Shaharith (Judaísmo)*

152. Saborear a tua própria doçura – *Nicolau de Cusa (Cristianismo)*

180. Saudades de Deus – *Teresa d'Ávila (Cristianismo)*

330. Se Deus – *Fernando Pessoa (Cristianismo)*

298. Se eu pudesse trincar a terra toda – *Fernando Pessoa (Cristianismo)*

188. Se te quiser ver – *Nicolau de Cusa (Cristianismo)*

102. Seguimento – *Agostinho de Hipona (Cristianismo)*

344. Sem ti – *Cardeal Martini (Cristianismo)*

230. Senhor, esteja à nossa frente – *Nathan Söderblom (Cristianismo)*

104. Senhor, tu és a minha luz – *Cardeal Martini (Cristianismo)*

279. Sentei a noite inteira e esperei – *Mirabai (Hinduísmo)*

197. Sigo buscando a fonte da doçura – *Rûmî (Islã)*

15. Sinfonia universal – *Salmo 150 (Judaísmo)*

18. Só por ti – *Râbi'a (Islã)*

184. Sobre a minha patena e o meu cálice – *Teilhard de Chardin (Cristianismo)*

194. Sois Vós – *Teilhard de Chardin (Cristianismo)*

268. Solidão Sonora – *Thomas Merton (Cristianismo)*

225. Somos teus – *Rig-Veda VIII, 92,32. 66,13 (Hinduísmo)*

186. Sonhar – *Carlos Rodrigues Brandão (Cristianismo)*

275. Sonhos – *Saul Tschernikowsky (Judaísmo)*

161. Sou do Amado – *Rûmî (Islã)*

57. Sou luz – *Padrinho Sebastião Mota (Santo Daime)*

323. Sou um mendigo à tua porta – *Tukaram (Hinduísmo)*

33. Subida do Monte Carmelo – *João da Cruz (Cristianismo)*

348. Súplica – *Tichon di Zadonsk (Cristianismo)*

55. Súplica a Oxalá – *Ponto de Oxalá (Umbanda)*

318. Suscipe – *Inácio de Loyola (Cristianismo)*

124. Tarde te amei – *Agostinho de Hipona (Cristianismo)*

302. Te amar – *Thomas Merton (Cristianismo)*

139. Tem piedade deste emigrante – *Dhû'l-Nûn (Islã)*

351. Ternura que abraça – *Salmo 144 (Judaísmo)*

250. Tive a caça ao alcance – *João da Cruz (Cristianismo)*

59. Tocando a terra – *Thich Nhat Hanh (Budismo)*

143. Todos sobre a terra passarão – *Corão 55,26-27(Islã)*

12. Toma-me pela mão – *Etty Hillesum (Judaísmo)*

135. Toma minha vida – *Swami Rama Tirtha (Hinduísmo)*

359. Trato bem de ti – *Etty Hillesum (Judaísmo)*

82. Trovas ao Deus sacramental – *Leonardo Boff (Cristianismo)*

315. Tu e eu – *Rûmî (Islã)*

301. Tu enches o cálice do verdadeiro amor – *Kabir (Hinduísmo)*

50. Tu és grande, Senhor! – *Agostinho de Hipona (Cristianismo)*

89. Tu és mais suave – *Rûmî (Islã)*

93. Tu és o nosso pai – *Nicolau de Cusa (Cristianismo)*

95. Tu és um fogo ardente – *Catarina de Sena (Cristianismo)*

206. Tu estás sempre ao nosso lado – *Nicolau de Cusa (Cristianismo)*

347. Tu me seduziste, Senhor – *Jeremias 20,7-9.11 (Judaísmo)*

97. Tu moras em todos os seres – *Gopaladasa (Hinduísmo)*

170. Tu nos amas por primeiro – *Søren Kierkegaard (Cristianismo)*

292. Tua ternura – *Ernesto Cardenal (Cristianismo)*

71. Um Deus palpável – *Teilhard de Chardin (Cristianismo)*

100. Um Deus para adorar – *Teilhard de Chardin (Cristianismo)*

284. Um fogo que sempre arde – *Catarina de Sena (Cristianismo)*

237. Um homem que ora – *Jizchak Lamdan (Judaísmo)*

274. Um novo dia está diante de nós – *Walter Rauschenbusch (Cristianismo)*

171. Um serviço a ti – *Sankara (Hinduísmo)*

278. Uma paz inefável – *Thomas Merton (Cristianismo)*

199. Unidade – *Rig-Veda X, 191,2-4 (Hinduísmo)*

195. Unificação do coração – *Atharva-Veda III, 30,1-3 (Hinduísmo)*

358. Vaidade – *Giuseppe Ungaretti (Cristianismo)*

45. Vazio do tamanho de Deus – *Leonardo Boff (Cristianismo)*

191. Vem! – *Rûmî (Islã)*

241. Vem, meu amado *(Judaísmo)*

328. Viver – *Irmã Adriana Rekelhof (Cristianismo)*

356. Viver simplesmente – *Fernando Pessoa (Cristianismo)*

343. Volta à casa – *Mirabei (Hinduísmo)*

125. Volte para nós o olhar – *Rûmî (Islã)*

224. Vós o concedeis a mim – *Teilhard de Chardin (Cristianismo)*

IV.3. Índice de autorias

Abu Dawud, Tirmidhi, Ibn Majah (Islã): 7

Agostinho de Hipona (Cristianismo): 50, 98, 102, 110, 124, 146, 198, 246, 320, 360

Ahmad (Islã): 223

Al Gazzâli (Islã): 121, 227

al-Bistami (Islã): 109, 165

al-Hallaj (Islã): 22, 155

Allan Kardec (Espiritismo): 28

Angelus Silesius (Cristianismo): 108, 306, 326, 340

Ansârî (Islã): 329

Anselmo de Cantuária (Cristianismo): 342

Appar (Hinduísmo): 177

Atharva-Veda (Hinduísmo): 61, 68, 111, 115, 195, 203

Attar (Islã): 157

Basílio de Cesareia (Cristianismo): 37

Bênção irlandesa (Cristianismo): 20

Bernardo de Claraval (Cristianismo): 238

Bhagavad Gita (Hinduísmo): 30

Blaise Pascal (Cristianismo): 154

Brihadaranyaka Upanishad (Hinduísmo): 5

Bukhari (Islã): 229, 277

Caitanya (Hinduísmo): 141

Cântico dos Cânticos (Judaísmo): 179

Cardeal Martini (Cristianismo): 104, 140, 210, 304, 344

Carlos Rodrigues Brandão (Cristianismo): 186, 248

Catarina de Sena (Cristianismo): 47, 95, 118, 284, 296, 314

Chandogya Upanishad (Hinduísmo): 335

Charles de Foucauld (Cristianismo): 29, 142, 190, 208, 288

Chuang Tzu (Taoismo): 72

Cláudio Ribeiro Vieira (Umbanda): 127

Corão (Islã): 3, 143, 263

Da liturgia bizantina (Cristianismo): 73

Da liturgia eucarística siríaca (Cristianismo): 332

Dag Hammarskjöld (Cristianismo): 56, 166, 258

Daniel (Judaísmo): 185

Darimi (Islã): 66

Deuteronômio (Judaísmo): 163, 287

Dhû'l-Nûn (Islã): 49, 139, 147, 183, 201, 245

Dietrich Bonhoeffer (Cristianismo): 174, 346

Diwan Muhammad Ibn Al-Habib (Islã): 261

Do ritual judaico: Shaharith (Judaísmo): 297

Dogen – Genjôkoan [Shōbōgenzō] (Budismo): 32

Dostoievski (Cristianismo): 158

Eclesiastes (Judaísmo): 193

Edith Stein (Cristianismo): 88, 106

Efrém, o Sírio (Cristianismo): 221, 334

Eknath (Hinduísmo): 167

Emmanuel – Psicografia de Chico Xavier (Espiritismo): 169

Ernesto Cardenal (Cristianismo): 292

Espírito Caritas (Espiritismo): 53

Etty Hillesum (Judaísmo): 12, 222, 355, 359

Evangelho de Tomé (Cristianismo): 120

Fernando Pessoa (Cristianismo): 298, 330, 356, 362

Francisco de Assis (Cristianismo): 17, 77, 130, 156, 244

Francisco de Sales (Cristianismo): 144

Friedrich Nietzsche (Cristianismo): 264

Giuseppe Ungaretti (Cristianismo): 358

Goethe (Cristianismo): 35

Gopaladasa (Hinduísmo): 97

Gregório Nazianzeno (Cristianismo): 252

Hans Küng (Cristianismo): 4

Haridasa (Hinduísmo): 211

Hermán Gregorio Vera (Cristianismo): 192

Hermann Bezzel (Cristianismo): 64

Huub Oosterjuis (Cristianismo): 114

Ibn Arabi (Islã): 233

Inácio de Loyola (Cristianismo): 318

Irmã Adriana Rekelhof (Cristianismo): 328

Isaías (Judaísmo): 189

J.M. Alves (Umbanda): 38

Jeremias (Judaísmo): 347

Jesus Cristo (Cristianismo): 39

Jizchak Lamdan (Judaísmo): 213, 237

João Crisóstomo (Cristianismo): 182

João da Cruz (Cristianismo): 33, 84,176, 250, 336

Jochen Klepper (Cristianismo): 91

John Henry Newman (Cristianismo): 52

Jorge de Lima (Cristianismo): 266

José Herculano Pires (Espiritismo): 99

Jürgen Moltmann (Cristianismo): 312

Kabir (Hinduísmo): 87, 247, 301

Kanakadasa (Hinduísmo): 107

Khliébnikov (Cristianismo): 352, 354

Klaus von Flüe (Cristianismo): 196

Kodo Sawaki (Budismo): 36

Kulasekhara Alvar (Hinduísmo): 243

Lachi Rama (Hinduísmo): 283

Lais Campos Moser (Cristianismo): 162

Leonardo Boff (Cristianismo): 45, 82, 86, 116, 168, 214

Lucas (Cristianismo): 6

Marco Lucchesi (Cristianismo): 150

Martim Lutero (Cristianismo): 42, 136

Martin L. King (Cristianismo): 178

Mestre Irineu (Santo Daime): 173

Miqueias (Judaísmo): 255

Mirabai (Hinduísmo): 279, 343

Mishkat al-Masabih (Islã): 85

Mundaka Upanishad (Hinduísmo): 43

Nasa'i (Islã): 291

Nathan Söderblom (Cristianismo): 230

Nicolau de Cusa (Cristianismo): 60, 62, 93, 132, 148, 152, 188, 206, 236, 272, 280, 286

Omar Khayyan (Islã): 251

Ora Ilan-Guttmann (Judaísmo): 309

Oração judaica (Judaísmo): 23, 34, 40, 76, 149, 159, 231, 241, 265, 271, 339

Oração muçulmana (Islã): 25, 70, 220, 331

Oração Russa (Cristianismo): 58

Oração tibetana do desejo (Budismo): 9

Padrinho Sebastião Mota (Santo Daime): 57

Patriarca Bartolomeu I (Cristianismo): 75

Paulo de Tarso (Cristianismo): 276

Ponto de Oxalá (Umbanda): 55

Prece budista (Budismo): 2, 19

Provérbios (Judaísmo): 313

Pseudo-Dionísio Areopagita (Cristianismo): 216

Purandaradasa (Hinduísmo): 48

Râbi'a (Islã): 18, 151

Rabindranath Tagore (Hinduísmo): 21,79, 353

Rabino Abraham Jehoschua Heschel (Judaísmo): 303

Rabino Michael Lerner (Judaísmo): 8

Rabino Zalman Schachter-Shalomi (Judaísmo): 321

Rainer Maria Rilke (Cristianismo): 69, 350

Raïssa Maritain (Cristianismo): 234, 338

Ramakrishna (Hinduísmo): 215

Ramalinga Swamigal (Hinduísmo): 349

Ramanuja (Hinduísmo): 145

Ramprasad Sem (Hinduísmo): 235, 249

Rev. Alan Jones (Cristianismo): 54

Rig-Veda (Hinduísmo): 92, 103, 123, 131, 199, 219, 225, 293

Riokan (Budismo): 41, 90, 259, 269, 319, 327

Romano Guardini (Cristianismo): 226, 300

Rûmî (Islã): 11, 31, 63, 74, 78, 81, 89, 101, 105, 117, 125, 133, 161, 175, 181, 187, 191, 197, 205, 209, 217, 239, 257, 267, 281, 289, 295, 299, 305, 315, 317, 325, 333, 337, 341, 345

Rupert Mayer (Cristianismo): 126

Salmo (Judaísmo): 1, 15, 51, 65, 94, 113, 137, 139, 153, 351, 357

Sankara (Hinduísmo): 171

Saul Tschernikowsky (Judaísmo): 275

Sentença Zen (Budismo): 13

Søren Kierkegaard (Cristianismo): 170, 282, 290, 316

Surdas (Hinduísmo): 307

Swami Rama Tirtha (Hinduísmo): 135

T.L. Vaswani (Hinduísmo): 273

Tao Te Ching (Taoismo): 46

Teilhard de Chardin (Cristianismo): 10, 27, 71, 100, 112, 134, 138, 184, 194, 202, 218, 224, 254, 256, 308, 322

Teresa d'Ávila (Cristianismo): 24, 180

Thich Nhat Hanh (Budismo): 16, 59

Thomas Merton (Cristianismo): 67, 128, 164, 212, 240, 262, 268, 270, 278, 302

Tichon di Zadonsk (Cristianismo): 172, 348

Tirmidhi (Islã): 253

Tirumular (Hinduísmo): 311

Tomás de Aquino (Cristianismo): 14, 160, 228

Tomás de Kempis (Cristianismo): 200, 232, 242, 260

Tomás Morus (Cristianismo): 122

Tukaram (Hinduísmo): 323

Uma adolescente (Cristianismo): 324

Vajracchedika (Budismo): 26

Vivekananda (Hinduísmo): 83, 361

Walter Rauschenbusch (Cristianismo): 80, 204, 274, 294, 310

Yajur-Veda (Hinduísmo): 119, 207

Yunus Emré (Islã): 44, 96, 129, 285

IV.4. Índice de tradições religiosas

Budismo: 2, 9, 13, 16, 19, 26, 32, 36, 41, 59, 90, 259, 269, 319, 327

Cristianismo: 4, 6, 10, 14, 17, 20, 24, 27, 29, 33, 35, 37, 39, 42, 45, 47, 50, 52, 54, 56, 58, 60, 62, 64, 67, 69, 71, 73, 75, 77, 80, 82, 84, 86, 88, 91, 93, 95, 98, 100, 102, 104, 106, 108, 110, 112, 114, 116, 118, 120, 122, 124, 126, 128, 130, 132, 134, 136, 138, 140, 142, 144, 146, 148, 150, 152, 154, 156, 158, 160, 162, 164, 166, 168, 170, 171, 174, 176, 178, 180, 182, 184, 186, 188, 190, 192, 194, 196, 198, 200, 202, 204, 206, 208, 210, 212, 214, 216, 218, 221, 224, 226, 228, 230, 232, 234, 236, 238, 240, 242, 244, 246, 248, 250, 252, 254, 256, 258, 260, 262, 264, 266, 268, 270, 272, 274, 276, 278, 280, 282, 284, 286, 288, 290, 292, 294, 296, 298, 300, 302, 304, 306, 308, 310, 312, 314, 316, 318, 320, 322, 324, 326, 328, 330, 332, 334, 336, 338, 340, 342, 344, 346, 348, 350, 352, 354, 356, 358, 360, 362

Espiritismo: 28, 53, 99, 169

Hinduísmo: 5, 21, 30, 43, 48, 61, 68, 79, 83, 87, 92, 97, 103, 107, 111, 115, 119, 123, 131, 135, 141, 145, 167, 171, 177, 195, 199, 203, 207, 211, 215, 219, 225, 235, 243, 247, 249, 273, 279, 283, 293, 301, 307, 311, 323, 335, 343, 349, 353, 361

Islã: 3, 7, 11, 18, 22, 25, 31, 44, 49, 63, 66, 70, 74, 78, 81, 85, 89, 96, 101, 105, 109, 117, 121, 125, 129, 133, 139, 143, 147, 151, 155, 157, 161, 165, 175, 181, 183, 187, 191, 197, 201, 205, 209, 217, 220, 223, 227, 229, 233, 239, 245, 251, 253, 257, 261, 263, 267, 277, 281, 285, 289, 291, 295, 299, 305, 315, 317, 325, 329, 331, 333, 337, 341, 345

Judaísmo: 1, 8, 12, 15, 23, 34, 40, 51, 65, 76, 94, 113, 137, 149, 153, 159, 163, 179, 185, 189, 193, 213, 222, 231, 237, 241, 255, 265, 271, 275, 287, 297, 303, 309, 313, 321, 339, 347, 351, 355, 357, 359

Santo Daime: 57, 173

Taoismo: 46, 72

Umbanda: 38, 55, 127

CULTURAL

Administração
Antropologia
Biografias
Comunicação
Dinâmicas e Jogos
Ecologia e Meio Ambiente
Educação e Pedagogia
Filosofia
História
Letras e Literatura
Obras de referência
Política
Psicologia
Saúde e Nutrição
Serviço Social e Trabalho
Sociologia

CATEQUÉTICO PASTORAL

Catequese
Geral
Crisma
Primeira Eucaristia

Pastoral
Geral
Sacramental
Familiar
Social
Ensino Religioso Escolar

TEOLÓGICO ESPIRITUAL

Biografias
Devocionários
Espiritualidade e Mística
Espiritualidade Mariana
Franciscanismo
Autoconhecimento
Liturgia
Obras de referência
Sagrada Escritura e Livros Apócrifos

Teologia
Bíblica
Histórica
Prática
Sistemática

VOZES NOBILIS

Uma linha editorial especial, com importantes autores, alto valor agregado e qualidade superior.

REVISTAS

Concilium
Estudos Bíblicos
Grande Sinal
REB (Revista Eclesiástica Brasileira)
SEDOC (Serviço de Documentação)

VOZES DE BOLSO

Obras clássicas de Ciências Humanas em formato de bolso.

PRODUTOS SAZONAIS

Folhinha do Sagrado Coração de Jesus
Calendário de mesa do Sagrado Coração de Jesus
Agenda do Sagrado Coração de Jesus
Almanaque Santo Antônio
Agendinha
Diário Vozes
Meditações para o dia a dia
Encontro diário com Deus
Guia Litúrgico

CADASTRE-SE
www.vozes.com.br

EDITORA VOZES LTDA.
Rua Frei Luís, 100 – Centro – Cep 25689-900 – Petrópolis, RJ
Tel.: (24) 2233-9000 – Fax: (24) 2231-4676 – E-mail: vendas@vozes.com.br

UNIDADES NO BRASIL: Belo Horizonte, MG – Brasília, DF – Campinas, SP – Cuiabá, MT
Curitiba, PR – Fortaleza, CE – Goiânia, GO – Juiz de Fora, MG
Manaus, AM – Petrópolis, RJ – Porto Alegre, RS – Recife, PE – Rio de Janeiro, RJ
Salvador, BA – São Paulo, SP